一看就懂的
西方文明大事典

一看就懂丛书编写组　编著

农村读物出版社

图书在版编目（CIP）数据

一看就懂的西方文明大事典／《一看就懂丛书》编写组编著．－北京：农村读物出版社，2010.6 （2024.12 重印）

ISBN 978-7-5048-5349-3

Ⅰ.①一… Ⅱ.①一… Ⅲ.①文化史－西方国家－普及读物 Ⅳ.①K103-49

中国版本图书馆 CIP 数据核字（2010）第 089203 号

责任编辑	李昕昱　宋会兵
文字编辑	李琳
出　　版	农村读物出版社（北京市朝阳区农展馆北路 2 号　100125）
发　　行	新华书店北京发行所
印　　刷	永清县晔盛亚胶印有限公司
开　　本	700mm × 1000mm　1/16
印　　张	13
字　　数	250 千
版　　次	2010 年 7 月第 1 版　2024 年 12 月第 2 次印刷
定　　价	68.00 元

一看就懂的西方文明大事典

农村读物出版社

前言

两河流域的苏美尔人开始人类文明的最初探索的时候，在爱琴海域，古希腊人也逐步摆脱愚昧，步入了文明时代，西方世界的文明史开始了。

在欧洲，古希腊文明经历了数千年的发展，到公元前232年便已中止了，可是，它所带来的影响却是无法用语言来描述的。后来，古罗马人继承并发扬了古希腊文明，建立起独一无二、庞大的罗马帝国，又将西方文明向前推进了一大步。可是，随着基督教的逐步兴盛、拜占庭帝国的日趋瓦解，欧洲迈进了中世纪的黑暗时代，文明向前的步伐放缓了。

其实，在欧洲的古希腊、古罗马文明发展得如火如荼的时候，美洲人也开始了发展的步伐。神秘的玛雅人在丛林深处建立了璀璨的玛雅文明。印加人后来居上，在南美土地上建立了一个更为庞大的帝国。后来，在秘鲁广袤的土地上，先后出现了许多先进的文化：查文、帕拉卡斯、比库斯，从而构成了引人注目的秘鲁文化带。还有那奉太阳神为祖先的阿兹特克人也开始了自己文明建设的步伐。

但是，随着中世纪欧洲黑暗时代渐渐过去，欧洲现代文明开始了。为了获得更多的财富和土地，他们将触角伸向了世界各地，特别是美洲这块土地。于是，在欧洲人的入侵下，古老的美洲文明瓦解、消失了，美洲也从此成为了欧洲奴役下的殖民地。

历史从来都是这样无情的，不过，文明的更迭、朝代的兴替也是推动历史车轮滚滚前进的动力。当年，亚历山大大帝曾用铁骑中止了耀眼的古希腊文明，可是，一个更加辉煌灿烂的古罗马文明便走上了历史的舞台。这是历史的必然。虽然说这些灿若繁星的文明如果得以沿承，世界的今天也许会更辉煌，但，这毕竟只是想象而已。“逝者如斯夫”。人们虽不能亲历那些古代文明，但是，所幸人们可以瞻仰历史、回望过去。

本书从较为客观的角度，对智慧的古希腊、伟大的古罗马、黑暗的中世纪欧洲、神秘的美洲文明玛雅、印加、秘鲁、阿兹特克等文明发展历史进行了详细评述，并对这些国家的神秘现象做了较为细致的解读。希望使读者从一个全新的角度去了解这些文明，丰富读者的阅读生活。此外，本书还精选了400幅优美的图片，配以详细的解释说明，力求使历史事件和历史人物的形象更加立体、丰满，从而给读者带来更多的想象空间和审美享受。

编　者

2010年2月

敬告

在编写本书的过程中，大量的图片得到全景网的支持，但有部分图片无法与著作权人一一联系，敬请没有联系上的图片著作权人与我们联系，您应得的稿费我们已经预留。

目录
CONTENT

第一章

古希腊：西方世界文明的发源地

爱琴海，被公认为西方古代文明的发源地。在这片海域中，曾经出现过蔚为壮观的史前文明——爱琴文明。如今，爱琴海仍在，但是那些古代文明只留下一些遗迹和美丽的传说。

神奇壮观的爱琴青铜文明

蔚蓝天空下的爱琴海，在阳光的照耀下越发显得美丽动人。正是这片海域，滋养了古希腊民族；也同样是在这片海域，古希腊人建立了自己的文明——爱琴文明，它的产生对于古希腊乃至整个西方世界都具有决定性的意义。可以说，古希腊的文明史就是古代西方世界的文明史，而古希腊也被人们称作是西方文明的发源地。

爱琴文明实际上指的是分布于克里特岛及其周围地区和古希腊大陆的青铜时代文化，其中最突出的是克里特文明和迈锡尼文明。应该说，它们的发展代表着爱琴文明的发展，它们是爱琴文明的一个缩影。

▲古代希腊地图

克里特文明

克里特文明的产生早于迈锡尼文明，它产生于爱琴海中最大的岛屿——克里特岛。克里特岛东西长约250公里*，南北宽12～60公里，岛上气候宜人，树木茂盛。新石器时代，岛上来了第一批定居的居民。到公元前3000年，经济和社会发展已超过古希腊半岛。在公元前2200至前2000年，岛上至少兴起4个小王国——克诺索斯、法埃斯特、马利亚、卡多萨克罗。由于克里特文明的演进是以王宫为中心的，考古学家据此又将克里特文明分成了两个时期：

▼在克诺索斯王国的米诺斯宫内发现的陶罐

早王宫时期（约公元前2000—前1700年），小国分立时期；

晚王宫时期（约公元前1700—前1400年），统一的克里特王国时期。

在早王宫时期，克里特岛上农作物的品种以大麦、小麦、

* 公里为非法定计量单位。1公里=1千米。

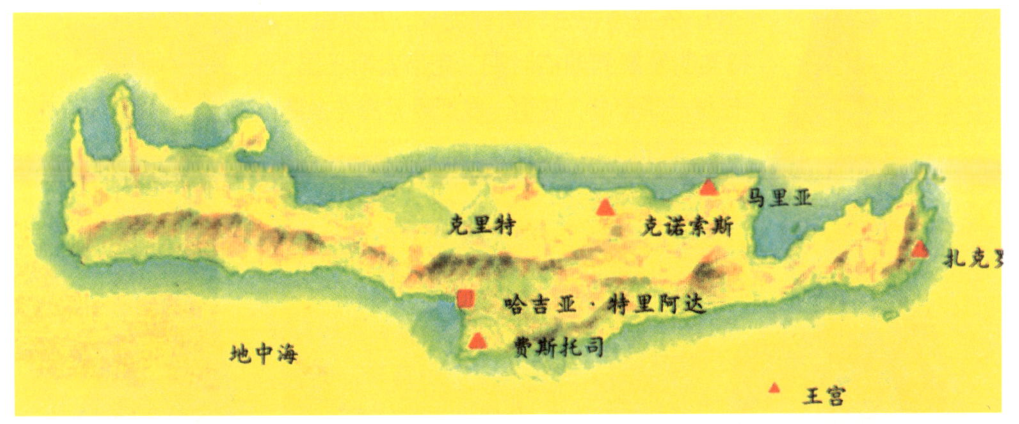

▲考古学家们复原的克里特岛地形图

▼米诺斯女子手持陶罐工作的壁画

橄榄、葡萄为主，手工业有突出进步，并产生了早期的社会分工。青铜器、金银器、陶器较过去增多，工艺较复杂，彩陶瓶被加工得薄如蛋壳，上面还绘有生动的图案。建筑业方面也有了很大的发展，已能够进行大型王宫的修筑。此外，在这一时期还发明了一种对社会发展起过重要推进作用的事物——文字。从开始阶段的图画文字，发展成后来的象形文字。

作为统治者的国王居于宽大宫室之中，拥有金银、象牙制品；而普通居民住在穷街陋巷里，用具简单。在克诺索斯王宫周围，挤住着几万居民。公元前 1700 年左右，克里特岛上的各处王宫均被毁，具体原因记录不详。随着王宫的损毁，早王宫时期结束了。

可是，不久以后，规模更为宏大的王宫建筑群被建造起来，克里特岛也从公元前 1700 年以后进入了晚王宫时期。在这一时期的王宫建筑中，最为著名的就是克诺索斯的王宫米诺斯宫。这座宫殿依山而建，层层相连，中央有一长方形庭院，四周围绕着富丽的宫室。室内陈设着陶器、雕塑、金银器皿，光彩夺目的壁画遍布四周。这些壁画的题材也是多种多样，从贵妇到少女，从花鸟草虫到斗牛场面样样皆有，而且均以写实主义的笔触画就，篇篇洋溢着和平气息。米诺斯宫内还设有手工作坊、仓库、监狱，它是克里特宫殿建筑中规模最大的一座。依据考古资料研究发现，在克里特文明发展到鼎盛时期，克诺索斯王国已统一了全岛，甚至一度把爱琴海许多岛屿和阿提卡纳入自己的势力范围。

在经济上，农业、手工业继续向前发展，商业开始走向繁荣。作为经济发展尺度的铜币、青铜币出现，海外贸易也是日渐兴盛。象形文字发展到了线形文字阶段，大约有 132 个符号，但是到目前为止，这些线形文字尚未被释读出来。

约公元前 1400 年，米诺斯王宫和克里特的其他城市建筑再次遭受到毁灭性破坏，克诺索斯王国开始衰落下去了。从此以后，克里特岛处于迈锡尼文明的影响之下，克里特文明也逐渐被人遗忘。

▲迈锡尼出土的金瓶

迈锡尼文明

在公元前 1500 年前后，一系列小王国出现在南古希腊，其中以迈锡尼、提林斯、派罗斯、斯巴达最为著名，在这些国家中，迈锡尼的发展最为完善，所以这一时期的文明被称为迈锡尼文明。在公元前 13 世纪左右，迈锡尼文明达到鼎盛阶段，其势力扩展到整个爱琴海。在后人编辑整理的“荷马史诗”中，描绘了很多曲折动人的故事，其中就包括他们击灭赫梯王国，联合攻打小亚细亚的国家伊利斯的事。

▲正在进行祭祀的米诺斯女祭司

▼从迈锡尼遗址出土的金罐

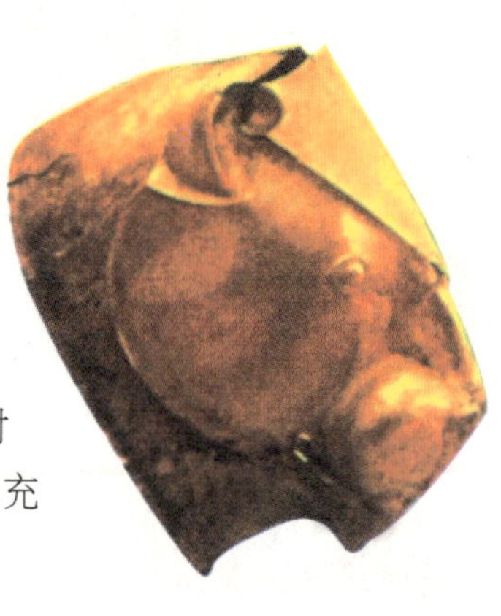

迈锡尼王宫的式样近似于克里特王宫，但他们却将宫殿地址选在山丘之上，并有厚高的城墙环绕，形成一座小型城堡，城堡内设有王室的陵墓，这显然是出于对安全的考虑。与克里特文明不同的是，迈锡尼文明时期的各国时刻处在一种紧张的氛围之中，就连少量壁画和雕刻作品也充满着好勇斗狠的勇士气息。

▲迈锡尼宫廷女侍者

迈锡尼文明各国的经济基础是土地双重所有制，即土地财产的私有制和公有制并存，这是早期阶级社会共有的特点。因为迈锡尼文明的土地私有制还不够发达，尚未完全排挤公有制。但是，在这一时期，迈锡尼等国已形成阶梯状的社会阶级结构。最下层是奴隶阶级，他们集中在国王与达官贵人家中劳动。奴隶阶级之上是与贵族相对立的平民大众，主要从事农业和手工业生产。手工业者集中在城内，迈锡尼王宫附近就有一个手工业者居住区，另外商人阶层也已存在。以国王为首的奴隶主阶级是社会的统治阶级，他们主要依靠剥削奴隶和小生产者积聚起大量财富。

公元前 13 世纪末至前 12 世纪，迈锡尼文明受到入侵浪潮的冲击。入侵者所过之处只留下废墟，未留下任何可以证明其身份的物证。据古希腊历史资料记载，入侵者可能是多利安人，他们占领北古希腊的部分地区，中古希腊的阿卡纳尼亚、埃利斯等地，余部扫过中古希腊，占据南古希腊大部。然后，他们进军克里特与一些爱琴海岛屿，使这些地方均成为后来多利安人的居住区，此后不久，迈锡尼文明也消失了。

▼在迈锡尼国王墓地出土的黄金杯

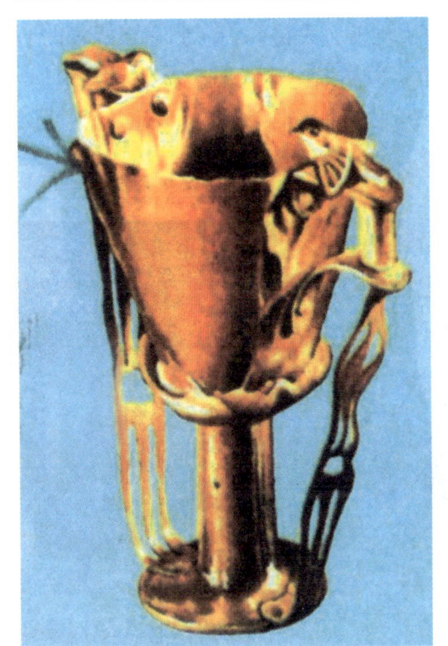

爱琴文明历时 800 多年，不仅出现了一些奴隶制城邦，而且有的还盛极一时。虽然，他们的城邦被摧毁了，爱琴文明也没落了，但是，爱琴文明对这一地区的贡献，对整个西方文明的发展是功不可没的。

▼宗教仪式上使用的器皿

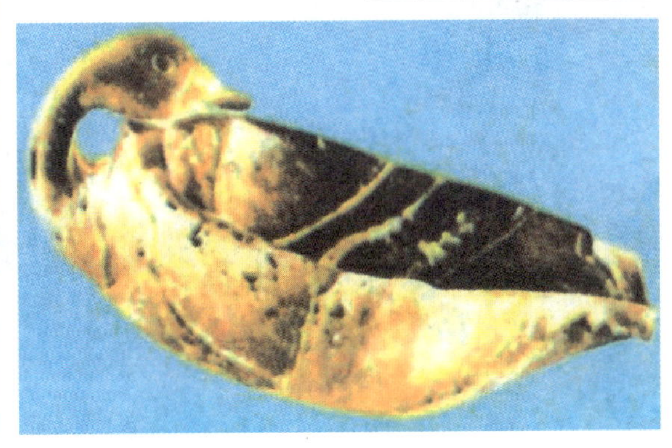

引领古希腊进步的城邦文化

爱琴文明中最重要的当属古希腊的城邦文化。

在公元前8世纪时,古希腊本土和小亚细亚海岸开始出现一些由古希腊人建立的城邦,其中最主要的就是斯巴达和雅典。在古希腊城邦时期,古希腊已经进入了铁器时代,不但有了较为翔实的文字记载资料,而且有了较为发达的经济。那宽阔的大街、辉煌的宫殿、雄伟的城门……无不是劳动人民的智慧和汗水的结晶。

▲斯巴达出土的青铜武士雕像

斯巴达城邦

斯巴达是位于伯罗奔尼撒半岛南部的古希腊著名城邦。

大约在公元前10世纪，入侵的多利安人建立了斯巴达城，最初的斯巴达是由4个村庄组成的，直到公元前4世纪也没有城墙。但是，善武的他们依靠武力逐渐征服了周围一些地区，建立了斯巴达城邦国家。

在斯巴达城邦里，斯巴达人是统治斯巴达的奴隶主阶级，他们是城邦中的全权公民，斯巴达的男性公民是斯巴达国家统治者。而那些被斯巴达人征服的土著居民则大部分变为奴隶，被称为“希洛人”，剩余的小部分人被驱逐到边区，称为“皮里阿西人”。

在公元前5世纪时，斯巴达城邦大约有9 000户居民，每户从国家领得1分土地和耕种土地的“希洛人”。土地和奴隶的所有权属于国家，不得转让买卖，以防斯巴达人财产分化。这些“希

▼约公元前520年建造的雅典娜神殿

▼一尊出土于公元前5世纪的武士青铜雕像

洛人”约有20万人，他们住在斯巴达人的庄外，有自己的家庭，带着自己的农具和种子给斯巴达人耕种，每年向主人缴纳大量谷物和乳酪，他们不但没有人身自由，战时还要担负运输、修筑工事等劳役。而且，斯巴达人为了巩固统治，每年监察官上任，就屠杀一次希洛人，以铲除那些可疑分子和在体力、能力方面较强的人，防止他们造反。斯巴达人十分崇尚武力，他们规定了严格的公民军事训练制度。一方面为了镇压人数众多的奴隶，另一方面，他们就用强兵威胁邻邦，扩张自己的势力。

由于军事尚武思想在斯巴达人头脑中根深蒂固，斯巴达还形成了一种奇怪的习俗。斯巴达婴儿出生后，就由父亲送交长老们去审查。如果体格端正强健，就带回家去养育，否则，就被扔进一个山脚下的陷坑。男孩7岁以前在家里生活，除使其健康成长之外，还要培养他们的大胆，不怕黑暗，不怕独处，不计较食物的精神。男孩7岁时被送进国家开办的军事学校，编入连队接受训练。他们集中住宿，学习体操，学习使用武器，练习赤足行走，有时参加屠杀希洛人的行动，还要自己做饭，甚至要做点苦工，从而培养服从指挥、勇敢善战的气质。意志力强的儿童担任连队首领,其余儿童都要服从他。至于读书写字，并不是主要的课业，只以适合需要为限。妇女虽然不入军事学校，但在婚前也要练习竞走、赛跑、格斗、投掷铁饼和标枪等，以便能做一个体格健壮的母亲。

随着实力的不断增强，斯巴达城邦逐渐成为众多城邦中较为强大的国家，他们和另一个强大的城邦国家雅典为了争夺霸权，开始了漫长的争霸战。

雅典城邦

典雅城邦位于古希腊中部的阿提卡半岛上，它也是多利安人种建立的国家，是古希腊最重要的城邦之一。雅典地处沿海地区，海上的交通便利，工商业比较发达。他们崇尚文化，所以人们的眼界也比较开阔，而雅典城邦的民主政治是其最为重要的特点之一。

早在迈锡尼文明时代，雅典就已经有人居住了，这里也是古代伊奥尼亚人的故乡。在公元前700年左右，阿提卡形成了以雅典城为中心的奴隶制国家。后来，由于王权的衰落，氏族贵族开始执掌国家的政权。后来，雅典城邦中联合执政的执政官就有9位之多，他们分别执掌国家最高行政、军事、司法和宗教事务。

这些当权的贵族非常富有，而且经常欺压、剥削贫穷的平民，平民和贵族之间形成了很深的矛盾。经过多年的斗争，在公元前594年，贵族和平民双方选出的仲裁人梭伦实行改革，不但废除了债务奴役，提高了公民大会的权力，而且还调整了公民集体内不同阶层之间的利益关系。梭伦的这次改革是希腊历史上重要的改革之一，它也是奠定雅典城邦民主政治的基础。

在公元前5世纪前期，古希腊城邦依靠自己的智慧和勇气打败了入侵的波斯人。战后，古希腊各个城邦继续发展，到了伯里克利执政时期，雅典城邦终于达到它繁荣的顶峰。雅典人开始扩张了，随着雅典势力的向外扩张，他们与科林斯等其他城邦的利益冲突也越来越激烈，斯巴达城邦和它领导的伯罗奔尼撒同盟也成了雅典的敌人。于是，一场为各自利益而斗争的战争开始了。

公元前431—前404年，古希腊的土地和海洋上出现了一场场的大混战，历史上称为“伯罗奔尼撒战争”。经过27年的混战，战争终于结束了，斯巴达人在波斯人的帮助下击败了雅典城邦，并且成为了整个古希腊的霸主。但是，这样的局面并没有维持多久，在斯巴达人称霸后不久，古希腊又陷入了战争不断的局面，许多城邦像走马灯一样轮流成为古希腊的新霸主。由于纷乱的战争消耗了各个城邦的实力，在公元前4世纪上半叶，马其顿人渔翁得利，古希腊从此沦为在新兴的马其顿势力控制之下的民族。

伯罗奔尼撒战争后，整个希腊奴隶制城邦制度逐渐退出了历史的舞台。虽然城邦制度衰弱下去了，但是，人们应该看到它在古希腊城邦时代所起到的进步作用，斯巴达的军事思想、雅典的民主政治，这些都是推动社会历史进步的力量。

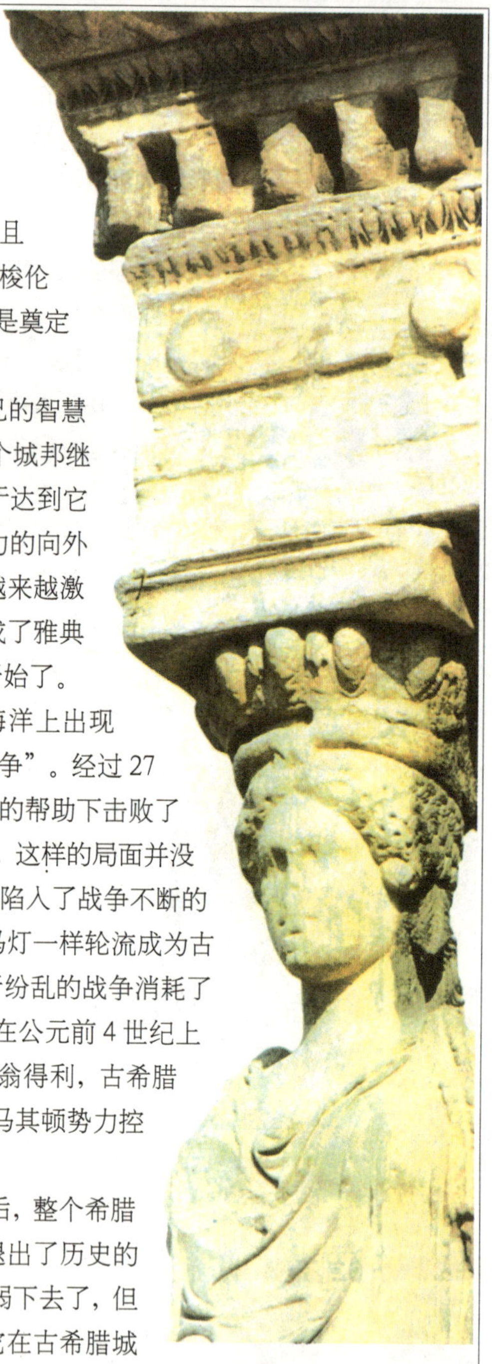

▲雅典城邦宫殿的石柱常是一些女像柱

▲雅典城邦最伟大的政治家——伯里克利

深奥难懂的文字符号

▲出土的约公元前 600 年的陶具

约公元前2000年，伊奥利亚人、阿开亚人、爱奥尼亚人和多利安人先后进入今古希腊地域，并逐渐扩展到爱琴海诸岛和小亚细亚西岸等地。他们之间通过相互间的联系和交往，逐渐融合而形成了早期的古希腊人。在融合的过程中，他们借鉴埃及的象形文字、巴比伦的楔形文字、腓尼基人的表音字母，在公元前9—前8世纪前后创造了属于他们自己的文字——古希腊拼音字母。虽然，马其顿人和罗马人的铁蹄曾先后征服了古希腊，但是，古希腊人却在文化上征服了他们，使得古希腊的文化通过马其顿人和罗马人传到了欧洲大陆。现在大多数欧洲民族使用的拉丁字母，就是罗马人在古希腊字母的基础上改造成的。

独具特色的古希腊语言文化是古希腊理性主义起源的一个重要诱发因素。公元前10世纪前后，在研究和改造闪语字母的基础上，古希腊人首次创造了音位文字字母，并且还把闪语文字从右向左的书写规则改为自左向右的顺序。到公元前775年左右，古希腊人把他们用过的各种象形文字书写系统改换成腓尼基人的拼音字母，终于建立起了古希腊语言文字系统。在此基础上理论家们开始了为语言“立法”——语法的研究。古希腊哲学家赫拉克利特指出过：“如果要想理智地说话，那就必须用这个人人共有的东西武装起来，就像城邦必须用法律武装起来一样，而且要武装得更牢固。”

古希腊语言文字与古希腊哲学、法学、逻辑学有着密切的关系。在哲学的许多派别中，他们的理论观点时常牵涉到对语言的认识；而在法学中的论战、法律条文的制定上，也往往涉及对语言的修辞和准确的表达等内容；逻辑学和语言学与古希腊语言文字，特别是语法学的关系就更加密切了。因为语言是思维的物质外壳、思维的工具。思维要通过语言来表达，所以，它是否合乎逻辑就成为语言表达中的一个至关重要的问题了。一方面，语言家要利用逻辑学的术语和方法来研究语言中的结构意义；另一方面，研究逻辑的也往往牵涉到语言的问题。

▲刻有线形文字的泥板

▲刻有古老且深奥难懂的迈锡尼线形文字泥板

其实，之所以会出现如此多的问题，主要的原因还是在于古希腊复杂的语言结构。古希腊语言中的动词更是变化多端，它有人称、时态、体式的变化。特别是由系动词附图变来的，具有多种的语言意义，表现出多种的语法关系。也正是这种奇特的语言现象，才引起了理论家们对古希腊语法的研究和关注。

亚里士多德曾经指出："当动词'是'被用来作为句子中的第三种因素时，会产生两种肯定命题与否定命题。如在句子'人是公正的'中，'是'这个词被用作第三种因素，无论你称它是动词，还是名词。"在"他在这儿"这个句子中，它所表示的是一种物理位置；在"天使是白色的"这个句子中，它表示天使的一种与位置或物理存在无关的属性；在"那个人正在跑"这个句子中，这个词所表示的是动词的时态、所进行的动作；在"二加二等于四"这个句子中，它的形式被用于表示数字上的相等；在"人是两足的能思维的哺乳动物"这个句子中，它的形式被用来断言两组事物之间的等同。

正是由于这种多义词，古希腊语言才容易产生语言思维中的歧义性，由此引发了语言文化史上著名的"古希腊景观"——观念的战争。正如科学哲学家被波普尔所指出的那样"观念的战争是古希腊人的发明，它是曾经做出的最重要的发明之一。实际上用语词战争代替刀剑战争的可能性，还是我们文明的基础。特别是我们文明的一切立法和议会机构的基础"。

古希腊文字的发明，对文化的发展产生了深刻的影响，古希腊的史诗、文学喜剧和哲学思想的传播都离不开它的贡献。而且，最为重要的是，它为欧洲大陆语言文字的发展奠定了基础。

▼泥板上的条纹就是迈锡尼人发明的线形文字

“荷马史诗”到底为何人所著？

众所周知，《伊利亚特》和《奥德赛》是古希腊历史上两部不朽的史诗，至今，它们仍具有其独特的文学价值。自从人们在沉船残骸中发现史诗《奥德赛》之后，就对古希腊的历史有了更深刻的认识，可以说，“荷马史诗”是人们认识和研究古希腊历史最好的凭证。这两部史诗赐予人们的精神力量是无穷的，它们是人类艺术的瑰宝。

▲古希腊人雕刻的伟大盲作家荷马的雕像

相传，这两部伟大的史诗巨著是公元前8世纪的盲诗人荷马所作。公元前7或6世纪留下来的一首古诗曾经有过这样的记载：“（荷马是）住在契奥斯岛（爱琴海中的一个岛）的一个盲人。”可是，这种说法无法考证，所以近3 000年来，关于这两部史诗的出处一直受到文学界的质疑。

那么，史诗《伊利亚特》和《奥德赛》的作者到底是谁呢？根据文献记载，公元前5世纪的希罗多德，较晚的修昔底德，公元前4世纪的柏拉图和亚里士多德等，都肯定这两部史诗是荷马的作品。而且，关于荷马生活时代的说法也很多。最早关于荷马的记载，见于残存的公元前6世纪克塞诺芬尼的讽刺诗，但是根据古希腊地方志作家鲍萨尼阿斯的记载，在公元前7世纪初的诗人卡利诺斯的诗篇里已经有关于荷马的记载，所以荷马这个名字早在公元前8、前7世纪已经为人所共知。古希腊历史学家泰奥彭波斯说荷马生于公元前686年，年代似乎晚了一点。另一个古代传说是荷马生于公元前1159年，就是说公元前12世纪中叶，这种说法似乎又太早了一点。古代可能有过这样一位诗人，其年代大概在公元前10世纪到公元前9、前8世纪。现代西方学者根据史诗的语言和它的内容描写，一般认为他可能生在公元前9、前8世纪之间。

▼《伊利亚特》残片

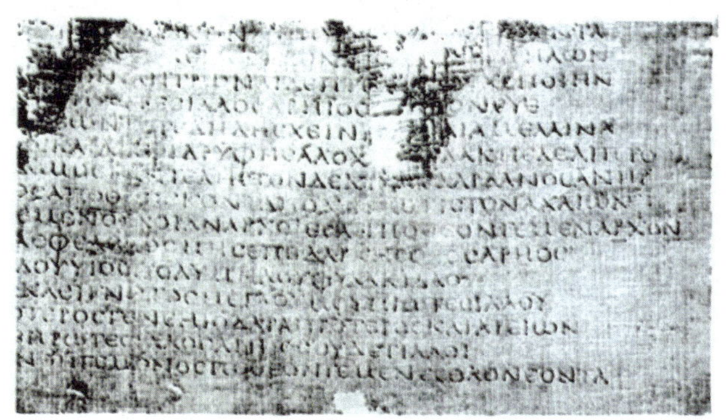

这两部史诗属于长篇巨著，每部的文字都达万行以上，《伊利亚特》共有15 693行，《奥德赛》共有12 110行，巧合的是两部史诗都分成24卷。这两部史诗开始时只是根据古代传

▲《奥德赛》的纸草残片

说编的口头文学，依靠乐师的背诵流传下来的零散篇章，如果确实有荷马这个人的话，也许就是最后把这两部史诗初步定型的职业乐师。在公元前6世纪以前，这两部史诗还没有写下来的定本。根据罗马著名散文家西塞罗所说，公元前6世纪中叶在当时雅典执政者庇士特拉妥的领导下，学者们曾编订过“荷马史诗”；古代也有其他学者认为这是他的儿子希帕尔科斯执政时的事。而从公元前5世纪起，每逢雅典4年才庆祝一次的重要节日，都有朗诵“荷马史诗”的文艺节目。从这个制度实行之后，史诗朗诵的内容和形式被固定下来了，但是由于没有统一的版本，具体的文字和行数会有变动。根据这两部史诗的内容，现代学者们认为两部史诗在内容描写上有些不同，好像不是同一时代的人的作品，也有人认为两部史诗文字风格上相同之处大于不同之处。现在多数西方学者认为这两部史诗是荷马的作品，荷马还是确有其人。当然，荷马也是根据口头流传的篇章整理而成的；如果没有长期的传说积累，荷马也创作不出这样两部伟大的古代史诗。

“荷马史诗”是在民间的口头文学基础上形成的，它根据许多世纪以来累积起来的神话传说和英雄故事编辑而成，并保存了古文化的真实、自然的特色。“荷马史诗”采用六音步诗行，不用尾韵，但节奏感很强。这种诗体显然是为朗诵或歌吟而创造出来的，在歌吟时，大概还弹着琴来加强其节奏效果。由于这种叙事长诗是由艺人进行说唱表演的，因此常常重复不少惯用的词句，甚至整段重复，一字不改。它们的重复使用，并不一定对本文意思有多少加强，只是为了音节上的需要而已。而许多重复词句的一再出现，像交响乐里一再出现的旋律，又能给

▲后人根据资料描绘他们盖房时的情景

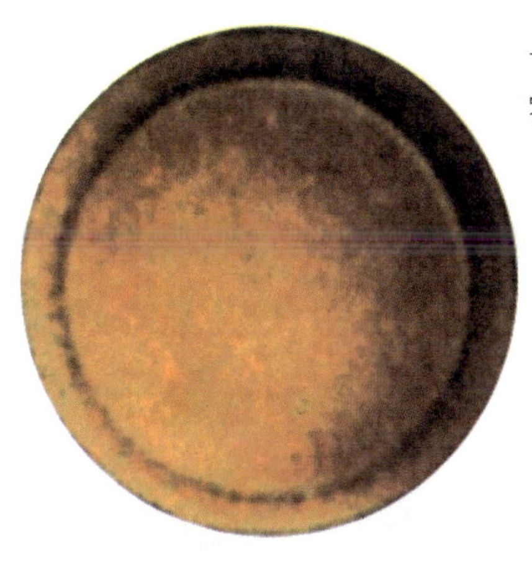

▲从迈锡尼遗址中挖掘出的圆形盾牌

一种更深的美的感受。使用比喻来加强气氛，使得人物形象更加鲜明，也是“荷马史诗”里一个突出的艺术手法。此外，“荷马史诗”还善于用简洁的手法描写，用寥寥数语，表达出很深的感情。

“荷马史诗”既是古老的民间流传的史诗，又是达到高度艺术水平的文学作品。在史诗里，许多事物的描写同克里特·迈锡尼文化的出土文物相符，比如在《奥德赛》中讲到的墨涅拉奥斯的宫殿和菲埃克斯人的王阿尔基诺斯的宫殿中，有各种青铜和金银装饰、美好的花园和葡萄园，宫里充满粮食、美酒和果实，随同酒宴还有各种竞技娱乐活动和舞蹈等，这些都可以看出“荷马史诗”的编写是以古代的历史为依据的。

但是，事实中也有很多的描写与实物是不同的。比如史诗里描写的阿开亚人都是长发，而且头发是黄色的，而从考古发现的壁画来看，古代克里特人都是短发，而且头发是黑色的。在对克里特的士兵的描写上也有一定的出入，克里特人战斗时用的盾牌是长形，史诗里的盾牌却是圆形；克里特人穿的盔甲也与史诗所描写的不同。这可能与作者生活的时代有关，一方面它所描绘的古代文化已经逝去很久，并且没有较为详细的资料记载；另一方面作者在创作过程中不可能不加入自己的想象成分，这种想象自然就会与当时的社会状态联系起来。

虽然，关于谁才是“荷马史诗”的真正作者还在争论不休，它描写的内容到底是事实还是虚构至今还未完全弄清楚，但是，它丰富的内容，无论从艺术技巧还是从历史、地理、考古学和民俗学方面都有许多值得探讨的东西。可以肯定地说，“荷马史诗”是被公认的西方世界古代最伟大的史诗之一。而且，它在西方古典文学中一直享有最高的地位，影响着后来的许多希腊文人，它也被公认为古希腊文学的楷模。

▼迈锡尼人制作的女神雕像

自然与美的统一——古希腊雕刻艺术

古希腊人的雕塑作品技艺高超，他们不但能在金银工艺制品上雕刻出美丽的图案，而且还能雕塑出美丽的人物雕像。法国美术史学家丹纳曾这样评价过："古希腊的人体雕刻艺术是古希腊雕刻艺术之冠。"

▲雅典卫城帕特农神殿的浮雕作品

早在爱琴文明刚刚诞生时，浪漫的古希腊人就开始了他们的艺术创作之路，并且取得了一定的成就。但是，由于北方蛮族南下毁灭了克里特和迈锡尼的文明，古希腊人被迫重新创造自己的文明。到了公元前8—前6世纪，由于政治与经济突飞猛进的发展，古希腊很快成为地中海世界里一支强大的力量。古希腊国家的强盛，也促进了艺术上的发展。

古希腊的雕塑艺术具有民族的、地方的特征，这种个性特征既表现在艺术形式构成上，也表现在审美意识上。他们的艺术直接同人类自身与现实生活相联系，艺术形式比起古埃及来更为轻松自然，具有和谐的节奏感和波动律。

古希腊雕刻艺术主要分为5个时期：

荷马时期（公元前12—前8世纪）

这是因为"荷马史诗"是这一时期唯一的文字史料而得名。在荷马时期，雕刻艺术主要表现在器物上的雕刻，而立体雕刻仅仅是一些小雕像。在考

◀著名的"阿伽门农金面具"

古挖掘中，曾挖出一件金面具丧葬品。这件金面具模仿死者的面容制成，一般是罩在身份高贵的死者脸上，这些面具实际上就是氏族部落首领的遗像。所以每个面具的面型都有特点：有的浓眉大眼，有的淡眉微现，有的嘴唇紧闭。

但是，真正的古希腊雕刻史应该是从古风时期拉开序幕的，而且，古希腊雕刻中最突出的人体雕刻就是在这一时期奠定基础的。

▲德尔菲阿波罗神庙里面胜利女神的雕像

古风时期（公元前750年—前6世纪末）

在这一时期，大多数雕刻作品均呈现出古朴稚拙的风格，因而这一时期被称为古风时期。从保存下来的属于古风时期的男女人像雕刻中，人们可以窥见雕刻初期的文明成就。古风时期的男子人像雕刻主要特征是青年全身裸体立像，古希腊人昵称为“库罗斯”（意为小伙子）。在人体比例和肌肉质感方面，这些雕像都接近真实的人体，人物的面部表情也开始生动起来，呈现出微笑的神态。而且，不管何种身份、何种职业的人物，雕刻家们都用这种微笑的形式来表现，后来逐渐成为当时统一的时代风格，因此，后人称之为“古风式微笑”。

过渡时期（公元前5世纪上半期）

在古希腊艺术发展进程中，由古风发展到古典时期中间有一个过渡时期，指公元前5世纪前半期。在这段时期里古希腊经历了一场反抗波斯入侵的著名的希波战争。著名的马拉松战役就发生在这个时期。这一时期的雕刻艺术发展较为缓慢，没有什么新的进展。

▼古希腊人为海神波塞冬建造的青铜雕像

古典时期（公元前5世纪下半期—前334年）

这一时期由希波战争结束至马其顿亚历山大大帝开始东侵。由于希波战争的深刻影响，古希腊人强烈的爱国主义和奋发图强的精神普遍加强了，随之而来的是产生了伟大的悲剧艺术。在雕刻艺术方面，以歌颂英雄事迹为主题的作品占据了统治地位。

▲女神阿佛洛狄忒的大理石头像

无论是表现神话还是现实的题材，这一时期的作品都与古风时代不同，更是与“古风式微笑”形成鲜明对照。创作的严谨风格成为时代的主旋律，从静态的姿势转向力求表现运动甚至激烈动作；从过去只表现人物的正面发展到表现人物的多个方面。此外，雕刻的技巧更加熟练，逐渐形成一种比例匀称、结构准确、形体明晰的“团块”体系。这时期的代表作品有《命运三女神》《驾车人》《波塞冬》《鲁多维奇宝座浮雕》和《里切亚青铜雕像》等。

古希腊化时期（公元前334—前30年）

古希腊化时期，马其顿国王亚历山大率军征服希腊各城邦，建立亚历山大帝国。随着帝国的不断征服与扩张，产生了希腊文化向东方的传播以及与东方文化的交流，这一时期又称为“泛希腊时期”。指罗马灭亡埃及托勒密王朝这一历史时期。

在这一时期，雕刻艺术形成了以不同的地区为中心的各种风格。在希腊本土上，雕刻作品仍然保持着希腊古典传统，而且技巧更为纯熟。著名的《萨摩色雷斯的胜利女神》以她那舒展旋转的动作、生动自然的体态、迎风飘动的衣纹表现出胜利者喜悦的心情；而在埃及地区，风俗化雕刻流行。雕刻家表现了大量下层人物形象，如流浪汉、渔夫、乞丐、醉汉等，也着重于生活细节描写，如《小孩与鹅》表现了儿童与动物嬉戏的生动情节；在小亚细亚地区，柏加摩斯成为希腊化时期小亚细亚地区的艺术中心之一。在这里，史珂珀斯的悲怆风格得到了继续发展，《柏加摩斯宙斯祭坛》是其代表作。

▼好似狮子头部的雕刻作品

古希腊的雕刻艺术展现的是无所不包的和谐与规律性，还有庄严与静穆。它为人类贡献了高不可及的艺术典范之作，同时也对后世的雕刻艺术的发展产生了重要的影响。

成就非凡的宫殿建筑艺术

古希腊作为欧洲文化的摇篮，古希腊人的建筑风格和建筑工艺均在不同程度上影响着后来的西欧建筑。虽然还只是处于发展时期，但是古希腊的建筑工艺已经非常高超，他们建造的神殿更是成为古希腊建筑的杰出典范。

▲怪物形状的雕刻

古希腊的纪念性建筑大致形成于公元前8世纪，到公元前5世纪的时候已日臻成熟，之后的公元前4世纪，古希腊建筑进入了一个形制和技术更广阔的发展时期。古希腊是一个泛神论国家，人们把所有的一切都想象成是神灵在支配。因此，古希腊人为了祀奉各种神灵而建造神庙。这些神庙不仅是宗教活动中心，也是城邦公民社会活动、商业活动的场所和储存公共财富的地方。这样神庙就成了古希腊崇拜的圣地，围绕圣地又建起竞技场、会堂旅舍等公共建筑。

早期的古希腊神庙建筑只是贵族居住的长方形有门廊的建筑。在他们看来，神庙是神居住的地方，而神不过是更完美的人，所以神庙也不过是更高级的人的住宅。后来，由早期的“端柱门廊式”逐步发展到“前廊式”，神庙前面门廊是由4根圆柱组成，之后又发展到“前后廊式”。到公元前6世纪前后，廊式又演变为古希腊神庙建筑的标准形式——“围柱式”，即长方形神庙四周均用柱廊环绕起来。

古希腊建筑固定格式被称为“柱式”，这种“柱式”有3种基本形式：

▼雅典的卫城

▲宙斯神殿的柱子

（1）多利亚柱式：多利亚柱式朴素挺拔，无柱基，柱身粗壮，向上逐渐缩小，刻有凹槽，槽之间有棱角，在阳光下，柱身因此产生明朗的起伏转换及阴影效果，使建筑物与天空平面分开。柱头无装饰，是一圆盘形柱颈。

（2）爱奥尼亚柱式：爱奥尼亚柱式匀称轻巧，有柱基，柱身细长，上下变化不显著，凹槽较深，槽之间无棱角。柱头为涡卷形装饰，卷下饰以图案。

（3）科林斯柱式：科林斯柱式是由爱奥尼亚式演变而来的，所不同者柱头较高，呈花篮形，有更多的装饰。

古希腊留给后世很多风格各异的建筑物，在这些高大的神庙神殿中，最著名的有希罗佐斯·阿蒂库斯露天剧场、德尔菲神庙遗址、雅典娜胜利神庙等。虽然人们现在看到的只是一些遗址和遗迹，但在这些遗址和遗迹中，同样可以感受到古希腊人高超的建筑艺术和杰出的智慧。

规模巨大的希罗佐斯·阿蒂库斯露天剧场

古希腊剧场起源很早，基本造型是利用山坡地势，观众席逐排升高，呈半圆形，并有放射形的通道。表演区是位于剧场中心一块圆形平地，后面有化妆及存放道具用的建筑物。剧场不仅是娱乐场所，也是自由民众集会的地方，因此规模巨大。

▼古希腊剧场

▲希弗诺斯宝库中一幅浮雕作品

古希腊德尔菲神庙遗址

德尔菲是古代希腊中部城市，也是宗教活动中心之一。这里曾有古代希腊文化的保护神阿波罗的神庙，阿波罗负责掌管音乐、弓箭、医药、畜牧等事务，有的神话称其为太阳神。阿波罗神庙始建于公元前6世纪，后因破坏重修。德尔菲以阿波罗神庙的神谕著称。神谕由神庙里的一个女祭司作声示意，由一个祭司加以解释。古希腊人有疑难问题，常来此地求得神的启示。神庙周围还有剧场、体育场等。每年在这里举行盛大的祭神仪式、体育竞赛、戏剧演出和音乐会等活动。

▼左手执盾，右手抚剑的战神雅典娜雕像

雅典娜胜利神庙

雅典娜胜利神庙建于公元前449—前421年，采用爱奥尼亚柱式，台基长8.15米，宽5.38米，前后柱廊雕饰精美，是居住在雅典的多利安人与爱奥尼亚人共同创造的建筑艺术结晶。胜利女神是巨人帕拉斯与冥河斯提克斯的女儿，她作为智慧女神雅典娜和主神宙斯的象征，在艺术品中表现为他们用手牵领着的小人儿，她手持棕榈枝或花环，在比赛胜利者头上展翅翱翔。她不仅是战争胜利的象征，也是其他赛事胜利的象征。

“古希腊建筑如灿烂的、阳光普照的白昼。”对于古希腊人创造的奇迹人们无不感到惊叹，古希腊的建筑艺术是世界上的伟大杰作，它们也被后世认为是世界传统观念的象征。

古希腊哲学思潮兴起

除了神庙建筑、史诗巨著，古希腊人还为后世留下了另一个重要的成就——哲学。在古希腊的历史上，曾经出现了很多伟大的哲学家，如毕达哥拉斯、苏格拉底等；同时也形成了多家哲学流派，毕达哥拉斯学派、爱利亚学派等，这些哲学学派彼此间固守着自己的信条，从而形成了一种百家争鸣的局面。

▲哲学家伊壁鸠鲁（约公元前341—前270年）

毕达哥拉斯哲学学派

自从米利都学派开创了古希腊的哲学思想之后，便如雨后春笋般出现了很多哲学派系，首先出现的就是毕达哥拉斯学派。

毕达哥拉斯（公元前6世纪中期）出生于萨摩斯岛，后来迁至南意大利。据考证，他是第一个使用“哲学”一词的人。毕达哥拉斯把哲学视为一种人生方式和高尚的境界。作为一名数学家，毕达哥拉斯在寻找世界万物本源和变化动因时特别强调数。他认为，抽象的数是万物之本，由数而有形，由形而有物。虽然毕达哥拉斯的这种用事物属性数字来说明一切的做法并不成功，但却表明人的抽象思维已达到了普遍性和相当的高度。

在用数来解释世界的同时，毕达哥拉斯还发展了由米利都学派最初提出朴素的对立统一的辩证关系，赋予数更多的含义。他认为有10类对立物，如奇数和偶数、右与左、雄与雌、明与暗、静与动、善与恶、有限与无限等。毕达哥拉斯学派特别强调和谐统一，并把它作为其哲学的最终追求。而且，他们本身也是这样实践的，他们用苦行来力求达到完美的做人境界。毕达哥拉斯学派的和谐论在社会领域有很大市场，它代表人们在社会斗争中的一种态度，即中庸、调和的思想，在古希腊和后来的古罗马都有相当重要的影响。

▼人类男女的性别差异（如雌和雄）

唯心的爱利亚哲学学派

爱利亚学派是古希腊最早唯心主义哲学的倡导者。这个学派得名于意大利南部岛屿爱利亚，其代表人物为巴门尼德（约公元前6世纪或5世纪人）。巴门尼德反对赫拉克利特的两种认识观。他认为把握真理必须同感性经验相脱离，依靠纯粹思想、逻辑思维。只有思想是真实的，才是达到真理的唯一道路。这种主客观相分裂的认识标志是一种与原始朴素哲学不同的新哲学形态，即逻辑思维的出现。

▲哲学家安提斯泰尼（公元前445—前365）

巴门尼德首先明确划分出思维与存在的区别。他认为世界明显地分为两部分，一部分是人的主体认识，另一部分是作为人们认识对象的客观世界。他的哲学思考就建立在两种认识的对立基础上，而不是赫拉克利特的对立统一。在他看来，真理性认识表现在“存在就是存在，不存在就是不存在”，绝不是赫拉克利特那种既存在又不存在，一切都向自己对立面转化的思想。此外，他还认为经验感受到的外部世界千变万化，处处呈现出不真实。

巴门尼德是主观唯心主义最早的主要代表，他的思维方式使古希腊哲学到达逻辑思维的新高度。也正是由于爱利亚派的出现，唯物和唯心、运动和静止的界限开始明确化，而且，这种基本的分歧也贯穿于西方哲学的始终。

▼传说中的神

▼如太阳神阿波罗一样的古希腊神灵

▲斯多葛学派的创始人芝诺

赫拉克利特的朴素唯物主义

在巴门尼德之后，就唯物论而言，最杰出的人物是德谟克利特（约公元前460—前370年）。赫拉克利特的哲学思想、同米利都学派和毕达哥拉斯学派不同，他提倡朴素唯物主义。

他的哲学的基本内核是原子论。他认为宇宙的本原是原子和虚空。原子是物质，内部无空隙，不再可分，构成世界上的一切事物。原子和原子之间只有量的多少，无质的差异。如太阳和月亮均由光滑和球形的原子组成，灵魂也由此构成。

德谟克利特的原子论将唯物主义思想向前推进了一大步，而且还摆脱了过去唯物主义的感性色彩。德谟克利特的原子论第一次给作为一切现象的基础的物质提出了一个相当清晰的物理学上的本体概念，这个理论的严密性和确切性也大大超过了前人，他的朴素唯物主义哲学是古代唯物主义哲学发展的高峰。

在德谟克利特之后，唯物主义哲学趋向没落；而唯心主义哲学则随着苏格拉底、柏拉图哲学的发展而逐渐占据了优势地位。到了后来，柏拉图的学生亚里士多德将哲学思想真正地变成了一门独立的学科。在他的著作中，古希腊哲学的爱智与深思精神被发展到顶峰。他的哲学与他的导师柏拉图的关系是批判与继承的关系，并且批判要多于继承。

古希腊时期的哲学新思潮的不断涌现，成为那个时代最具特色的标志，也为后世的哲学思想发展起到了关键推动作用。

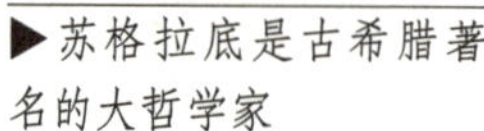

▶苏格拉底是古希腊著名的大哲学家

历史悠久的古代奥林匹克运动

奥林匹克运动会是很多人都非常熟悉的世界性运动会。据说，奥林匹克运动会的起源还与一个神话传说有关。传说，宙斯的儿子，有“大力神”之称的赫拉克勒斯，正在伊利斯城邦履行天神宙斯交给他的任务——打扫国王的牛棚。力大无比的他不到半天工夫便把国王堆满牛粪的牛棚打扫干净了，可是，那个国王却不想履行赠送300头牛的许诺了。于是，赫拉克勒斯一气之下便赶走了国王，为了庆祝胜利，他便在奥林匹克举行了一场运动会。奥林匹克运动会便这样流传下来了。

虽说这不过是一个神话传说，但可以预见的是，奥运会的起源必然与古希腊的社会情况有关。根据文字资料的记载，公元前9—前8世纪，古希腊氏族社会逐步瓦解，城邦制的奴隶社会开始形成，在整个古希腊境内竟然林立着200多个城邦。这些城邦各自为政，没有统一的君主，而且，城邦之间也经常是战争不断。

为了应对战争，各城邦都积极训练士兵。每一个城邦都建有专供人们进行锻炼的练身场，练身场也曾一度成为古希腊诸城邦的标志之一。古希腊的练身场，通常是一大块长方形的场地，场地四周建有回廊。练身场上有跑道，跑道四周有看台，竞技练习都在露天进行，古希腊人认为能晒太阳的黑皮肤是健康的标志，白皮肤则意味着身体不健壮。而且，能够走进古希腊练身场，对公民来说，这也是一种荣誉的象征。

训练促进了军队的强大，同样，战争也促进了古希腊体育运动的开展，但是，

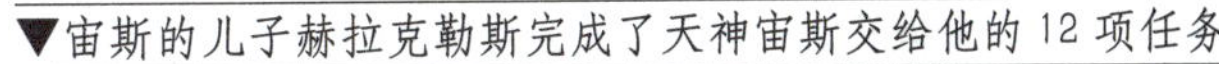
▼宙斯的儿子赫拉克勒斯完成了天神宙斯交给他的12项任务

初期的古希腊奥运会比赛项目却带有明显军事烙印。后来，各城邦签订了“神圣休战”条约，这样，奥运会便从以军事训练为目的的运动会逐渐变为和平与友谊的运动会。

最初，奥运会比赛是在奥林匹亚村阿尔齐斯神域内举行的，后来，人们在神域东北角修建了一块长方形运动场，周围有依天然地形修成的看台。运动场跑道宽 32 米，每次可供 20 名选手同时比赛，长为 192 米。起跑线用石条铺成，上面刻有两道平行的小槽，供运动员起跑时使用。

古希腊人崇尚体育运动，几乎每个自由公民都在练身场受过训练。尤其是那些贵族，他们认为只有在练身场受过训练的人，才算是有教养的，否则，就要被归入做手艺和出身低微人之列。古代奥林匹克运动会每 4 年举行一次，这一周期被称为“奥林匹亚德”。按此计算，从公元前 776 年到公元 394 年间，经历了 1 168 年，共应举办 293 届，但实际上召开的次数要少得多。初期，竞赛项目不多，前 22 届比赛时间仅为 1 天。

▲体育运动作为陶瓶的装饰图案

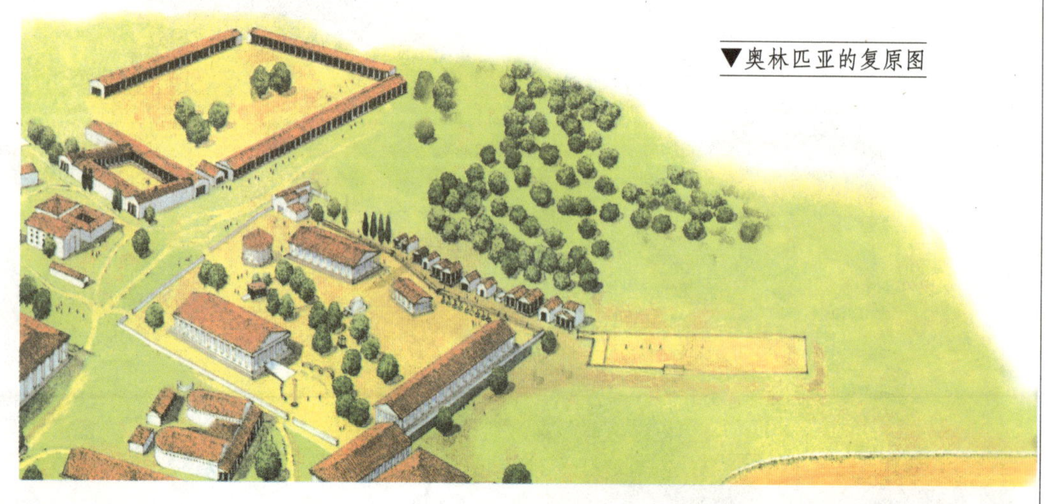
▼奥林匹亚的复原图

随着比赛项目的增加，又延长为2天。从第37届增加少年比赛项目后，时间又延长到5天。第一天是开幕式，举行献祭和宣誓仪式；第二、三、四天进行具体的比赛；第五天是闭幕式，进行发奖和敬神活动。

其实，古代奥运会大大超出了竞技比赛范围，它是古希腊宗教、政治、经济和文化的重要组成部分，起到了推动政治交流、促进贸易发展、繁荣古希腊文化、融合民族感情的作用，它使全古希腊人民在和平的气氛中欢聚一堂，形成了全古希腊最盛大的节日。

但是，自从罗马帝国统治古希腊后，古代奥运会的中心转移到了罗马，古希腊的奥运会渐趋没落了。公元895年，拜占庭人与哥特人在阿尔菲斯河发生激战，使奥林匹亚的各项设施毁失殆尽。就这样，延续了1 000余年的古代奥林匹克运动消失了。

虽然盛极一时的古代奥运会渐渐湮没在历史的尘埃中，但奥运圣火所传达的和平、友谊、勇气等信念却永远被人们不断地继承和发扬光大。

▲陶制艺术品中也体现了体育竞技项目——赛跑

▼古代奥林匹亚运动场成了一片废墟

揭秘克诺索斯地下迷宫文化

古希腊克里特岛是爱琴海中最大的岛屿，面积约8 336平方公里。早在新石器时代，岛上便开始孕育爱琴海文明了。公元前2000年前后，克里特岛上的青铜器文化达到全盛，以岛北克诺索斯城为中心建立了奴隶制国家。克诺索斯王国为古希腊大陆文化的繁荣奠定了基础。

可是，公元前1470年前后，桑托林火山的爆发，并引起了海啸。古希腊沿海及其岛屿的居民点均遭摧毁，克里特岛上村镇王宫更是荡然无存。一场突如其来的灾难，就这样毁灭了一个有千年历史的文明古城。随着岁月的变迁，克诺索斯城市和米诺斯王宫被泥沙掩埋地下，渐渐被人们遗忘了。

▲克诺索斯王宫的遗址复原图

1900年，英国考古学家阿瑟·伊文思经过考证，断定该岛首府伊拉克林南方7公里的地下掩埋着这座古城。经过8年挖掘，一座宏伟的宫殿出现在人们面前。

米诺斯王宫保存基本完整，坐落在凯夫拉山麓，总面积22 000多平方米。迷宫中的国王觐见室，石膏建造的御座相当完整。据说，海牙国际法院为了显示其权威，首席法官的座位就是照此御座仿造的。觐见室的壁画是3只狮头羊身蛇尾的怪兽，伏在芦苇中眈眈恶视。据说此怪的头、身、尾分别代表天上、地面、地下的神灵，是克里特人膜拜的图腾。

▼米诺斯人的房屋遗址上残破的房屋

宫殿中还有很多表现米诺斯王练习武功和生活情景的壁画。中央庭院南侧宫墙的《戴百合花的国王》中的图像如真人一般大小，国王头戴缀有百合花和孔雀羽毛的王冠，披肩长发向后飘拂，脖挂金色百合穿成的项链，身着短裙，腰束皮带，风度翩翩地朝前走去；西宫北墙的《斗牛》富于生活情趣。有如杂技式的斗牛，与今天略显可怕的西班牙式斗牛相比，更富于美感。

这些宫室和廊道上众多的壁画，代表了米诺斯文化的水平。几千年前留下的彩绘至今未褪，色彩相当鲜艳。研究发现，这些颜料是从植物、矿物和骨螺中提炼的，且在泥壁将干未干时挥毫成画，色彩渗入墙壁，故能经久保存。

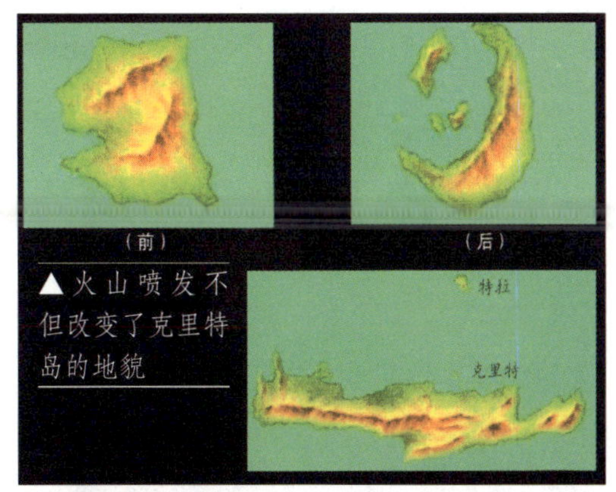

▲火山喷发不但改变了克里特岛的地貌

在清理一座神庙遗物时，考古学家发现3具人体骨骼。第一具的腿被砸断；第二具身长180厘米，双手捂住脸，仰面躺着，左手戴有银质和铁质戒指；第三具身长165厘米，置于供台上，台边有一个盆状盛器，附近有一把不到半千克重的青铜尖刀。据考证，第一具是祭司的刽子手，第二具是祭司，第三具是被宰杀供祭的青年。尖刀是宰人的凶器，盆器是接血用的。人们对这场活祭悲剧作了合理的推测：公元前1700年前后的一天，米诺斯人进行庄严的祭祀仪式，要将活人的鲜血献给上苍，祈求地震灾难远远离去。就在牺牲者血流尽的时候，山崩地裂，屋顶猛然坍塌，覆盖了祭祀现场。

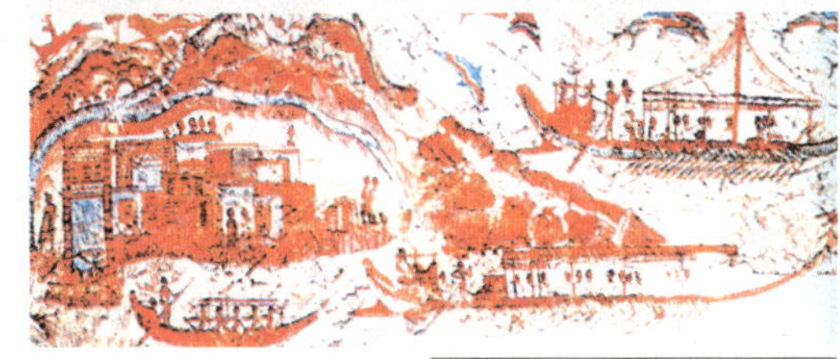
▲克里特人遗留下的壁画

▲壁画的颜色依然清晰可见

在祭祀现场，还发现了许多放置祭品的陶制器皿。殿堂正中的木制神像已被焚毁，剩下木炭底座。离祭台较远地方，还有许多杂乱的骨骼，显然是参加仪式的官员和祭司的随从们，还没有跑出庙堂便被砸死了。

从这些陶器和铜刀上，科学家们断定了神庙被毁灭的年代，而用活人代替活牲畜，可以断定当时绝望的人们所面临的灾难。由此不难看出，公元前1700年前后爱琴海频繁发生大地震是可信的。

虽然宫殿离奇消失的谜已经解开，但是，克诺索斯王国以这样的方式结束，还是多少有些让人意想不到。

▲狮头羊身蛇尾的怪兽

▲在迈锡尼的米诺斯王宫出土的双刃兵器

▲出土的约公元前1400年的国王棺木

▼克里特人祭祀时的场面

亦真亦幻的“木马屠城”

“荷马史诗”中曾经描述过一场著名的战争，那就是特洛伊战争。那么，这场战争是真是假呢？许多人怀疑特洛伊曾经发生过战争，甚至更有一些人怀疑荷马的存在，至少怀疑荷马作为一个单独的个人而非一系列诗人的存在。

荷马史诗中的特洛伊战争源于古希腊神话故事。传说，天神在爱达山上进行了一场别开生面的选美比赛，这也许是世界上第一次选美。进入决赛的是宙斯的妻子赫拉和他的2个女儿阿佛洛狄忒和雅典娜。宙斯把最终的裁决权交给了特洛伊王普里阿摩斯的儿子帕里斯。3位女神为了得到美后桂冠，都提出了贿赂帕里斯的条件。美丽女神阿佛洛狄忒的许诺最为诱人，她提出：如果她胜出，她将让帕里斯得到墨涅依斯的妻子、美女海伦的爱情。帕里斯的心被打动了。阿佛洛狄忒胜利了，于是，她把海伦偷偷带到特洛伊，成全了帕里斯。

▲“荷马史诗”中描述的引起“特洛伊战争”的海伦的雕像

可是，墨涅依斯为报妻子被掠之辱，与其他古希腊国王结盟，进军安纳托利亚，包围了特洛伊。

但特洛伊城是座十分坚固的城市，古希腊人攻打了9年也没有打下来。第十年，古希腊一位多谋善断的将领奥忒修斯想出了一条妙计。这一天的早晨非常奇怪。古希腊联军的战舰突然扬帆离开了，平时喧闹的战场变得寂静无声。特洛伊人以为古希腊人撤军回国了，他们跑到城外，却发现海滩上留下一匹巨大的木马。特洛伊人惊讶地围住木马，他们不知道这木马是干什么用的。有人要把它拉进城里，有人建议把它烧掉或推到海里。正在这时，有几个牧人捉住了一个古希腊人，他被绑着去见特洛伊国王。这个古希腊人告诉国王，这个木马是古希腊人用来祭祀雅典娜女神的。古希腊

▲特洛伊人把高10余米的木马耸立在城内

人估计特洛伊人会毁掉它，这样就会引起天神的愤怒。但如果特洛伊人把木马拉进城里，就会给特洛伊人带来神的赐福，所以古希腊人把木马造得这样巨大，使特洛伊人无法拉进城去。

▲在谁才是天神中最美的女神的选美比赛中，女神阿佛洛狄忒得到了这个称号，但同时也挑起了“特洛伊战争”

特洛伊国王相信了这话，正准备把木马拉进城时，特洛伊的祭司拉奥孔跑来制止，他要求把木马烧掉，并拿长矛刺向木马。木马发出了可怕的响声，这时从海里蹿出2条可怕的蛇，扑向拉奥孔和他的2个儿子。拉奥孔和他的儿子拼命和巨蛇搏斗，但很快被蛇缠死了。2条巨蛇从容地钻到雅典娜女神的雕像下不见了。特洛伊人怕女神再次震怒，赶紧把木马往城里拉。但木马实在太大了，它比城墙还高，特洛伊人只好把城墙拆开了一段。当天晚上，特洛伊人欢天喜地，庆祝胜利，他们跳着唱着，喝光了一桶又一桶的酒，直到深夜才回家休息，做着关于和平的美梦。

▼特洛伊战争的石雕

深夜，一片寂静。劝说特洛伊人把木马拉进城的古希腊人其实是个间谍。他走到木马边，轻轻地敲了3下，这是约好的暗号。藏在木马中的全副武装的古希腊战士一个又一个地跳了出来。他们悄悄地摸向城门，杀死了睡梦中的守军，迅速打开了城门，并在城里到处点火。隐蔽在附近的大批古希腊军队如潮水般涌入特洛伊城，占领了这座特洛伊城。

10年的战争终于结束

▲特洛伊人把木马当作战利品运进了城中

▼木马中的古希腊士兵乘着黑夜偷袭特洛伊城

了，古希腊人把特洛伊城掠夺一空，烧成一片灰烬。男人大多被杀死了，妇女和儿童大多被卖为奴隶，特洛伊的财宝都装进了古希腊人的战舰。海伦也被墨涅依斯带回了古希腊。这些传说中的细节不知是真是假，但特洛伊的黄金时代确实就这样结束了。

历史上很多人认为这是历史事实，并真正发生在希沙立克。但是，自从18世纪开始，学者们对此提出了质疑，到了19世纪下半叶，只有极少数学者相信“荷马史诗”是对历史上的真实事件的记录。而相信特洛伊——假如它真的存在过的话，就在希沙立克的人则更少。然而还是有人相信特洛伊的存在，其中包括业余考古学家弗兰克·卡尔弗特——美国驻这一地区的领事。19世纪60年代中期，卡尔弗特与其合作者德国富翁海因里希·谢里曼对希沙立克进行了发掘，他最先发现毁灭后特洛伊城的遗址，他认为特洛伊城位于现在的土耳其海岸，靠近达达尼尔海峡，是连接欧洲和亚洲的重要交通枢纽。此外他还发

▲后人绘制的古希腊著名盲诗人荷马弹奏竖琴演唱史诗

现了许多金制的装饰品和他认为的特洛伊城的城砖。后来，曾做过谢里曼助手的威廉·德普费尔德继续进行他未竟的事业。德普费尔德发现了更多的大房屋、一座望塔和一段城墙。

20世纪，一支美国探险队在卡尔·布利根的带领下来到希沙立克。布利根认为，特洛伊的覆灭，绝对不可能是古希腊人的入侵造成的。因为城墙的一部分地基发生了移动，而其他部分则似乎彻底坍塌了。他认为这种破坏不可能是人为的，可能是一场地震导致的。

▲“荷马史诗”中描写的英雄阿喀琉斯像

看来，特洛伊战争究竟是真是假，只能寄希望于未来的考古发现中了。

▼特洛伊城复原图

大西洲是沉入大西洋了吗？

在深深的大西洋的洋底，有一个沉没的国家，据说那就是大西洲，又名亚特兰蒂斯。最早记载大西洲的事情的人是古希腊大哲学家柏拉图。

▲柏拉图认为亚特兰蒂斯确实存在，并在他的著作中多次阐述，后来，人们便根据他的叙述绘制了这张亚特兰蒂斯地图

在他的著作《克里齐》里，柏拉图认为大西洲原来是全世界的文明中心，这个国家比利比亚和小亚细亚加在一起还要大，它的势力一直延伸到埃及和第勒尼安海。后来，大西洲对埃及、古希腊和地中海沿岸所有其他民族都发动过战争。最后一次是大西洲对雅典发动的战争，雅典人进行了殊死的抵抗，将大西洲的军队击退。不久之后，一场大地震使大西洲沉没于波涛之中。

大西洲的创始人是海神波塞冬。相传，有关亚特兰蒂斯的传说是这样的，当众神分配领土时，亚特兰蒂斯由海神波塞冬掌管。波塞冬爱上了一位名叫克莱托的少女，于是便娶了这位美丽的姑娘为妻。他们共生育了5对双胞胎，都是男孩。当他们成年后，波塞冬便将国土大西洲分成10个部分交给10个儿子分别掌管，这10个儿子就是亚特兰蒂斯最初的10位国王，其中名叫亚特兰斯的长子更是王中之王，他是大西洲的继承者，所以后人也把大西洲称为“亚特兰蒂斯”。这10个国王曾相约，彼此决不互动干戈，一方有难，各方支援。

“亚特兰蒂斯”的文明十分发达。其社会已经有了明确的阶级划分，人口大约有1 200万。它海岸绵长、高山秀丽、平原辽阔。农业的分工也很细致，适宜的气候使其可以每年收获2次；有了系统的文字；已经开始使用贵金属和合金。在城市和野外，到处是鲜花，大西洲的许多人便靠提炼香水生活。在大西洲的城市中，人口稠密，热闹非常。城中遍布花园，到处是用红、白、黑3种颜色大理石盖起来的寺庙、圆形剧场、斗兽场、公共浴池等高大的建筑物。码头上，船来船往，许多国家的商人都同大西洲进行贸易。

◀海神波塞冬

此外，他们还拥有大量的公用建筑，像波塞冬神殿、寺庙、圆形剧场、竞技场、公共浴池等。他们的军事组织也极为严

▲大西洲农耕景象

密，国土被分为9万个军事区域，每个区域设一名指挥官，负责调度12名战士、2匹战马、1辆战车以及所需要的一切供给。

随着大西洲越来越强盛，大西洲的国王也变得野心勃勃。在贪得无厌的野心驱使下，他们决心要发动更大的战争，征服全世界。然而一场强烈的地震和随之而来的洪水，使整个大西洲在一天一夜之间便消失得无影无踪了。

大西洲沉没的时间，根据柏拉图在另外一本书中所记载的说法推算，大约是11 150年前。柏拉图曾多次说，大西洲的情况是历代口头流传下来的，绝非他自己的虚构。据说柏拉图为此还亲自去埃及请教当时有声望的僧侣。柏拉图的老师苏格拉底在谈到大西洲时也曾说过："好就好在它是事实，这要比虚构的故事强得多。"

如果柏拉图所说的确有其事，那么早在12 000年前，人类就已经创造了文明。但这个大西洲在哪里呢？千百年来人们对此一直怀有极大的兴趣。到了20世纪60年代，在大西洋西部的百慕大海域以及在巴哈马群岛、佛罗里达半岛等附近海底，都接连发现过轰动全世界的奇迹。

1968年的某一天，巴哈马群岛的比米尼岛附近的大西洋洋面上一片平静，海水像透亮的玻璃，一望到底。几名潜水员坐小船在返回比米尼岛途中，有人突然惊叫了起来："海底有条大路！"几个潜水员不约而同地向下看去，果然是一条用巨石铺设的大路躺在海底。这是一条用长方形和多边形的平面石头砌成的大道，石头的大小和厚度不一，但排列整齐，轮廓鲜明。这是不是大西洲的驿道呢？

1974年，苏联的一艘海洋考察船在大西洋下拍摄了8张照片，它们共同构成了一座宏大的古代人工建筑！这又是不是大西洲人建造的呢？

▼人们想象着大西洲的宫殿建筑设计

1979年，美国和法国在"百慕大三角"海底发现了金字塔！塔底边长约300米，高约200米，塔尖离洋面仅100米，比埃及的金字塔大得多。塔下部有2个巨大的洞穴，海水以惊人的速度从洞底流过。

▲这座水下古城也许就有一座类似埃及金字塔的建筑

▲大西洲的雄伟建筑，可惜，由于岁月的侵蚀，现代人已无法再见到了

这大金字塔是不是大西洲人修筑的呢？大西洲军队曾征服过埃及，是不是大西洲人将金字塔文明带到了埃及？美洲也有金字塔，是来源于埃及，还是来源于大西洲？

▲壁画中描绘的勇士和猛兽进行搏斗

1985 年，2 位挪威水手在“百慕大三角”海区之下发现了 1 座古城。在他俩拍摄的照片上，有平原、纵横的大路和街道、圆顶房屋、角斗场、寺院、河床。他俩说：“绝对不要怀疑，我们发现的是大西洲！和柏拉图描绘的一模一样！”这是真的吗？遗憾的是，“百慕大三角”的“海底金字塔”是用仪器在海面上探测到的，迄今还没有一位科学家能确证它究竟是不是一座真正的人工建筑物，因为它也可能就是一座角锥状的水下山峰。目前也没有人可以证实它就是大西洲的遗址。

比米尼岛大西洋底下的石路，据说后来有科学家曾经潜入洋底，在“石路”上采回标本进行过化验和分析。结果表明，这些“石路”距今还不到 10 000 年。如果这条路是大西洲人修造的话，它至少不应该少于 10 000 年。至于那两个挪威水手的照片，至今也无法验证。唯一可以得到的正确结论是，在大西洋底确实有一块被水淹没的陆地。

▼印加人通过建立灌溉系统和梯田提高了农产品的产量

但遗憾的是，至今还没有任何一个考古学家宣布说他已经在大西洋底发现了大西洲的遗物，也没有人证明在大西洋底发现的建筑就是大西洲的遗物，直到今天，大西洲在人们的脑海中依然是一个千古疑谜。

第二章

古罗马：行走在刀锋上的文明

作为古代文明的杰出代表，善武的古罗马人开创了一个地跨欧、亚、非三大洲的强大帝国——罗马帝国。同样是依靠自己的旷世武功，他们建立起了一个高度发达的古代文明社会。同时，它又是一个大熔炉，多元文化竞相发展，将古罗马文明推上了又一个高峰。

博大辉煌的古罗马帝国

▲罗马军团

古罗马人凭借他们的聪明才智，不但创建了伟大的罗马帝国，更以海纳百川的胸襟和气魄，融合各种优秀文化，纳入并创造了博大精深的罗马文化。

在军事方面，罗马人史无前例地开创了军团制度。在列阵时，轻装兵与骑兵列于军团的两翼，长矛兵列于第一线，主力兵第二线，他们装备着长矛，后备兵作为预备队，列于第三线，装备投枪。这种队列具有很大的灵活性和运动性，它既可以使每线的各个中队靠拢，形成稠密的正面，也可以使第二线的中队上前，填补第一线的间隙。当需要有较大的纵深时，每个主力兵中队又可站到相应的长矛兵中队之后，使纵深加倍。

罗马军团队形克服了方阵运转不灵的弱点，无论是实战性、机动性，还是在保持士兵充沛的体力方面都胜过方阵。于是，在军团面前，希腊化诸国纷纷投降称臣。军团制度是罗马文化实用性和民族性的最好体现，也是世界军事史上的一次重要变革。

除了在军事上的

▼由于机械武器的使用，古罗马军队步兵的战斗力得到了加强

卓越成就外，罗马人还为人类文明留下了另外一份最宝贵的遗产——罗马法。它以内容丰富、体系完备而闻名于世。罗马法经历了千年的历史发展，其所处的环境使它能高瞻远瞩，将法律的规范扩展至不同的地区和世界。德国法学家耶林曾经形象地说过：“罗马曾三次征服世界：第一次以武力；第二次以宗教；第三次则以法律。而这第三次征服也许是其中最为平和、最为持久的一次。”

罗马法是新兴资产阶级民权理论的思想渊源，也是近代欧洲大陆各国立法所遵循的范本。因此，从这个意义上说，它不只是罗马人的法律，也是全人类的法律；不只是罗马人的文化遗产，而更是全人类的文化遗产。

在文学方面，罗马人也有突出的成就。在罗马，由于奥古斯都等人的提倡，诗歌得到了很大的发展。人们一般把学习和欣赏诗歌当作必要的人生经历，当作获取知识的方式，当作人的发展和完善的重要途径。维吉尔就是罗马诗坛上最耀眼的明星，是时代的大师，是罗马最负盛名的诗人。他歌唱田野，赞美牧场，颂扬领袖，以一部长达数 10

▼古罗马以其强大的军事力量征服了希腊化诸国

▲古罗马人的生活景象之一

▲古罗马人的生活景象之二

万字的民族和宗教史诗——《伊尼阿德》而名扬千秋。

由于地理条件或历史发展的关系，后起的罗马不可避免地要受先进而又相邻的希腊的影响，所谓“征服者反被被征服者所征服”的感叹就是这种影响的具体表现。希腊人对罗马的影响很大，尤其在雕刻艺术等方面影响更大。著名的《奥古斯都的立像》就是这方面最好的代表。《奥古斯都的立像》是古代罗马宫廷肖像的范例，是希腊艺术和罗马艺术的完美结合，在罗马艺术史上占有很高的地位。

西塞罗是罗马最著名的文学大师也是古罗马时期著名的哲学家。他主张人要“节制欲望”，著有《论深的本性》等。在发展拉丁文方面，他增加了拉丁语字汇，并将字汇炼成富有弹性的哲学用语，使它成为西欧1 700年来进行学术交流和文学创作的工具。

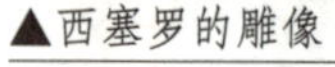

▲西塞罗的雕像

在罗马文明的发展过程中，自然科学发挥了重要的作用。虽然就整体水平而言，它远不如希腊的自然科学发达，但就农学等实用科学而言，它并不比希腊逊色。农业也是

▲普林尼的著作《自然史》

罗马最重要的生产部门，自古以来一直为罗马人所重视。

迦图是古罗马第一位农学专家，也是古罗马农学的鼻祖。公元前160年，他完成了《农业志》，这是罗马史上第一部农业著作，现仍保存完好。它比我国现存最早的农业巨著——北魏贾思勰的《齐民要术》还早将近700年。

普林尼是古代罗马著名的百科全书式的作家。他一生共发表了7部作品，其中以《自然史》最为著名。该书共37卷，分34 707个条目，是一部包罗各科、广博丰富的百科全书。在自然科学不受重视的古代，他注意搜集、挖掘为当时一般人所忽视或轻视的广阔领域的知识材料，为后人保存了大量濒临散失的古代科学资料。恩格斯

▲古罗马人手持自己祖先的胸像进行拜祭活动

▲古罗马时期的农业已经有了很大的发展，人们常常把公众的场面刻画在壁画中

甚至把他称为“罗马的百科全书家”。

自公元3世纪以后，古罗马的经济开始衰退，政治上也混乱不堪，再加上外患不断，内战迭起，传统文化逐渐为基督教文化所替代。到了中世纪，基督教则完全垄断了西欧的文化和教育。古代科学文化被教会视为“异端”，横加摧残。

而且，在教会的怂恿下，古罗马很多古代建筑、雕刻和书籍惨遭破坏，僧侣刮去了古代羊皮纸手稿上的古典文字，以致许多古典学术著作遭到毁灭而失传。在基督教的打击和破坏下，古罗马文明失去了存在的空间，一直持续到14、15世纪文艺复兴时期的来临。

▼宗教祭祀是古罗马社会中必不可少的一项活动

瑰丽奇幻的艺术成就

公元1世纪后，古代世界的重心从希腊转移到了罗马。罗马在政治、经济、文化等各个领域都开始走在世界的前列，特别是在艺术方面，建筑、壁画、肖像雕刻，为后世留下了很多不朽的作品。

罗马人的建筑与古希腊的艺术成就完美地结合起来，并在此基础上有了很大的发展。

在城市改造上，他们修筑了规模浩大的道路、水道、桥梁、广场、公共浴池等设施。运用三合土作为建筑材料，广泛采用了伊达拉里亚人的券拱结构，城市的规模也有一定的发展。

科洛西姆竞技场是古罗马最大的椭圆形竞技场，可容纳56 000多人，体现了券拱运用的最高峰。共有三层相叠的券拱，第一层供观众出入用，上面几层作为休息场所。从外形看，它共分四层，一、二、三层分别由多利亚式、伊奥尼亚式、科林斯式三种柱式装饰券拱门，第四层是饰有半圆柱的围墙。

凯旋门是古罗马建筑的重要标志，用来纪念战役的胜利。提度凯旋门是早期的一跨式凯旋门，它的顶上曾安放战车雕塑。门的两边为伊奥尼亚和科林斯柱式的复合式样，使它显得结构匀称、明快。君士坦丁凯旋门是现存最大的凯旋门，为后期三跨式凯旋门，两边有4根复合柱装饰，柱基和门墙上布满装饰浮雕，有的浮雕是从古代建筑上取下来凑成的。规模雄伟，但显得过于堆积。

纪念柱是罗马帝国的纪念性建筑，其代表作为图拉真纪念柱。该柱高27米，柱顶上曾经立有图拉真皇帝的铜像，圆柱上有环绕柱身23圈、长达200多米的浮雕带，详细记载着罗马军队征服达契亚人的历史。

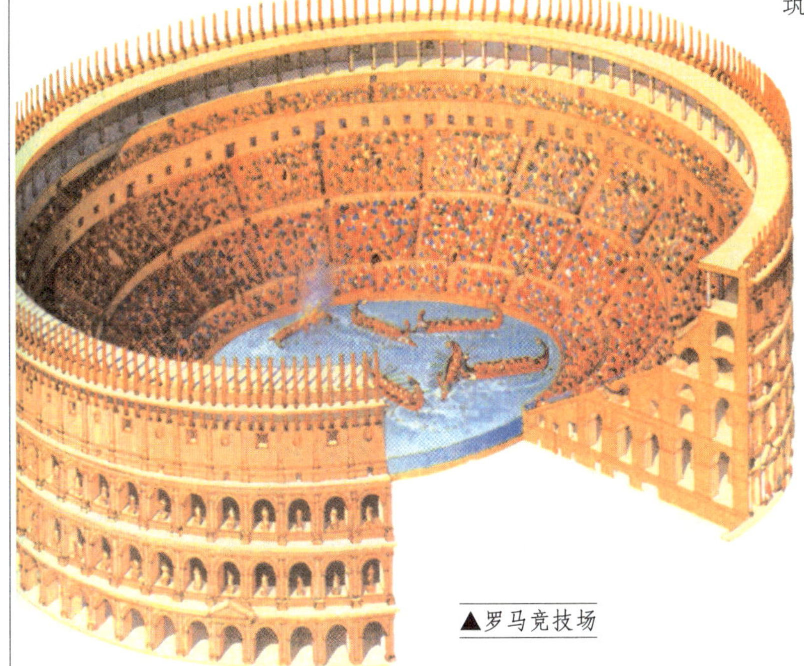

▲罗马竞技场

竞技场是古罗马一项伟大的建筑，它是贵族们享乐的地方。在这里，贵族们不仅可以观看到角斗士在地上的表演；在注入水后，还可以让角斗士们进行海战角斗。

在肖像雕刻方面，古罗马人成就卓越。他早期的雕像是用来祭拜祖先的，水平不高，主要以自然主义的逼真为特点。自征服古希腊以后，希腊雕刻艺术对古罗马产生了不可抗拒的影响，古罗马的雕刻艺术开始飞速发展。罗马帝国时期，肖像雕刻中写实风格流行，出现了具有强烈的个性和复杂的内心世界描写的肖像。《卡拉卡拉像》表现了一个凶狠暴戾而又冷酷无情的暴君面孔，紧皱的眉头和空虚的眼神中流露出不安的心情，扭转的头部强调了紧张的神情和暴戾的性格。《马尔克·奥里略期马像》是一个具有斯多葛哲学思想的君主肖像。他的脸部带有哲理性的思索，具有颓废、消极、静观的色彩。因为这一明显的特点符合基督教的学说，这座青铜像在中世纪得以保存下来。它对以后的意大利文艺复兴时期雕刻家产生了重要影响。

古罗马时期在绘画方面的成就主要是镶嵌画和壁画。早期绘画多记载具体历史事件，或用来装饰公共场所和住宅，但这种叙事性绘画保存下来的很少。18 世纪庞贝城被发掘出来，其中保留了大量壁画，根据这些壁画，罗马壁画被划分为第一、二、三、四庞贝风格。第一风格即用色彩涂绘建筑细部；第二风格是直接在渌面墙上描绘建筑细节，用透视造成更宽敞的空间幻觉，并穿插以情节性绘画，代表性作品有《密祭》；第三风格强调墙的平面性，并绘以精致的静物；第四风格将透视效果与装饰纹样相结合，在烦琐而逼真的景物中穿插着人物活动，由于其华丽的色彩以及空间感和动感，所以被称为“庞贝的巴洛克”。

古罗马的艺术既有古希腊的开放自由的特点，又有自己写实性的特点，同古希腊艺术一样，它对西欧的艺术发展起到了不可磨灭的贡献。

▼图拉真广场上的图拉真纪念柱

贵族们奢华糜烂的生活

古罗马帝国强盛一时，富有四海，而罗马贵族也大多奢华无比，极尽享乐。他们重视衣着饰物，常戴昂贵金饰品。而赛车纹银杯、青铜浴场用具、印度女神拉克丝密象牙雕像、宴饮图壁画、银质餐具、黄金首饰、琉璃香水瓶等文物，更是他们经常用来装饰的物品。

▲镶嵌华丽宝石的黄金戒指

谈到古罗马人的贵族气质，首先要从古罗马人的黄金饰品谈起。对于古罗马人来说，黄金构成了贵族饰品的主流，而项链则是其中最昂贵的一种。项链主要有两种类型：环形短链，或者尺寸较大的长链。

短项链，其特色为网状结构的链子加上半月形的坠子，有的还装饰珍珠和宝石。在维苏威地区出土的一条长 38 厘米的金项链就属于短款类型。由粗金线制成的“8”字形构件勾连而成，链钩被表面平滑的穹隆顶的搭扣遮蔽。一个新月形饰件固定在链上，它的钩端通过两对圆珠连接在一起，上面的垂饰是用作良好祝福、送给新生婴儿的护身符。

项链使用宝石时，宝石与金珠或者网状结构彼此间隔着。即便造型非常简单，也会使这条项链非常引人注目。项链也可能是一串珍珠、水晶或金饰，或者是一条由嵌有宝石的网链构成的饰带。用玻璃珠制作项链较为普遍，在庞贝已经发现多达 170 条这样的项链。

▼用玛瑙宝石雕成的饰品

在古罗马时代，半月形手镯较为流行。人们戴在腕、臂和脚踝上的镯子通常是将半月形饰物连接在一起，或者就是简单的环圈，通常用作踝钏。庞贝出土的长 20 厘米的金手镯，就是由 10 对薄金片制成的半月形饰构成，并通过半月形饰顶端的圆环勾连在一起。手镯末端有用薄片制成的两个常春藤叶饰，叶饰上有了只圆环，用带沟槽的嵌片插入构成一把锁钥，还有一根粗线被弯入手镯末端一只环内。不过这种半月形的饰品后来流行的程度不及蛇形手镯，那是一种源自古希腊的镯子，呈卷曲的蛇形，或者是镯体末端为两个相对的蛇头。这种镯子主要是为了能够驱邪去秽之用，因为蛇不仅是罗马人广泛奉祀的女神伊希斯专用，也是医神埃斯科拉庇俄斯和健康女神许革亚的标志。

▲古罗马贵族妇女经常佩戴的金项圈

传说戒指就是聪明的古罗马人发明的。罗马青年男女一般把戒指戴在左手手指上。戒指也用来标明一个女人是否已经订婚或结婚。而在共和国时期，用作私人印信的戒指图章非常流行。随着时间的流逝，戒指变成了纯粹的装饰品，其形式可能就是一个薄薄的环带，上面有一铭刻吉祥图案的金质戒面，或者有一简单的金质环形饰物，或者像镯子一样的蛇形图案。最普通的戒指可能就是嵌有素面或雕琢成型的宝石的环形饰物，而后者通常呈动物形。

古罗马人喜欢洗澡，而装饰澡堂自然成为他们的最爱。直径 26 厘米装饰精美的洗澡水桶无疑是 2 000 多年前古罗马民众这种及时行乐的真实写照。这件银桶提手犹如绶带，上饰鱼脊纹，其末端为两个程式化的鸟头，与桶沿上的两竖耳相勾连。作为爱神，维纳斯经常不断地出现在坎帕尼亚制作的银器上。与其他一成不变地装饰妇女梳妆或香闺图案的此类器物一样，这件桶的腹部浮雕维纳斯洗浴的场景，其中一面为两个侍女正在为维纳斯洗浴和梳头，其余侍女提着出自喷泉的水、拿着香水以备使用；另一面为维纳斯身着短而透明的刺绣丘尼卡，由两位侍女看护着。浮雕背景为一排柱廊，点缀着狮头形喷泉和一栋建筑。如此

▲精美的镯子

▼古罗马时期的壁画

奢华洗浴银桶即使是现在通常也是可望而不可即的。

古罗马人对于香水的钟爱达到了痴迷的地步，尽管价格不菲，无论男人还是女人都大量地使用。罗马香水一般来自东方或埃及，也有当地生产的，当地香水以卡普阿、那不勒斯和庞贝为最。香水和香脂可能是粉状、锭状或液体的，贮存在各种罐子里。这些罐子最初是陶质的，后来为玻璃质的，有各种形状和尺寸。出土于庞贝的鸽形香水小瓶便是玻璃材质，高 7.7 厘米，长 12.8 厘米。这件蓝色玻璃的小瓶尾端可能在器内物体倒出时被折断了。一旦粉或香水这些东西被放入小瓶内，小瓶就被密封，只有把它们的嘴或尾部折断，小瓶内的东西才能被倒空。香水的使用让古罗马人的生活变得更为精致优雅。

▲古罗马贵族妇女盛香水的瓶子

对于古罗马女人来说，镜子是必不可少的物件。镜子有正方形、长方形和圆形的，有带柄和不带柄的。它们通常用青铜制成，有时用银制成，照面打磨得非常光滑。从公元 2 世纪起，镜子开始用一层棕色的玻璃作照面。而最为精致的铜镜则是用银这类贵重金属制作的。

古罗马女人的梳妆妆奁繁复又精美，包括木质、骨质、象牙质或金属质的梳子、卷发器和骨质、象牙质或银质的发簪。发簪经常是特殊的并且非常重要的物品，它们用来涂敷化妆品，或分开一绺绺的头发，当然最重要的是固定发式。发簪除骨质外，还有象牙质、银质和金质的，经常做成一端尖圆、一端带有装饰。

古罗马贵族物质享受的精致与奢华，一方面，体现了古罗马时期巨大的物质财富；另一方面，也表现出古罗马人对生活细节美的追求。

▼金属刮身板，是当时浴场中常备的洗浴工具

“斜而不坍”的比萨塔

意大利中部的比萨城内，有一座造型古拙而又秀巧的钟塔，是罗马式建筑的范本，这就是著名的比萨斜塔。比萨斜塔是意大利优秀的古代文化遗产，被誉为中世纪七大建筑奇迹之一。

比萨斜塔其实是比萨大教堂的钟楼，确切地说，它本该只是个“配角”，但由于在修建过程中地基沉陷而发生倾斜，却数个世纪以来斜而不倒，结果却“喧宾夺主”，成为比比萨大教堂更著名的建筑，被奉为世界建筑史上的奇迹和不朽之作。

经测量发现，1918 年以来，比萨斜塔平均每年向南倾斜约 1 毫米，现今塔向南的倾斜度达 5.3°。由于其倾斜度有增无减，从外表看来，已岌岌可危。1972 年 10 月的一次地震，更是对这座古塔的一次冲击，所幸仍巍然屹立，这种斜而不坍的状态，使比萨斜塔更加出名。

说起比萨斜塔，它还成就了科学史上的一段佳话。1590 年，年轻的物理学家伽利略曾在斜塔上做了著名的自由落体实验。当时，欧洲人虔诚地信奉着权威的亚里士多德，把他的“物体下落的速度和重量成正比”这样的错误论断奉为真理。经过长时间的研究证明亚里士多德的说法错误之后，他决定用事实来证明。经过充分的准备之后，伽利略登上塔的最高层，面对塔下群众热切仰起的目光，庄严地缓缓举高两只手，充满自信地在同一时刻松开了紧握的双手，只见一大一小两只黝黑的铁球挟带着“呼呼”的风声向下坠落。随着铁球的急速落下，人们只听到“轰”的一声巨响，看到前方的地上砸出了两个坑。千真万确，不同的两个铁球以相同的速度从同一高度同时落到了地面！人群震惊了，掌声响彻云霄，人们簇拥着伽利略，欢呼着一个伟大真理的诞生！

伽利略推翻错误的亚氏定律确有其事，然而实验是否真的在比萨斜塔上做的，却无资料可考，不过，争论不休的舌战反而更增添了斜塔的神秘感和魅力。

比萨斜塔，由白色大理石筑成，1174 年开始兴建，1350 年完工，历时 176 年之久。塔身为 8 层圆柱形建筑，高 54.5 米，塔身墙壁底部厚约 4 米，顶部厚 2 米多。从下而上，外围 8 重拱形券门，由底部 15 根圆柱、中间 6 层各 31 根圆柱、顶层 12 根圆柱、建成 213 个拱形券门而成。总重达 1.42 万吨，集秀巧与古拙于一身，是罗马式建筑的标志性范本。顶层为钟楼，塔内有螺旋状楼梯 294 级，盘旋而上，站在塔顶可眺望比萨城全景。但是，因筑基不慎，兴建至第三层时发现塔基沉陷不均匀，产生了倾斜现象，工程被迫停止。重新开工后，在建完第 7 层时再度停了下来。到 1350 年完工之时，塔顶中心点已偏离垂直中心线 2.1 米。600 多年内塔身仍继续而缓慢地向外倾斜，故名斜塔。

其实，比萨斜塔的扶正工程早在修建过程中就已经开始。为了纠偏，工匠们减薄了塔身南面的大理石厚度，后来在塔顶上还加上一个钟楼，使钟楼略微向北倾斜来纠偏，但由于不得要领，这些方法并不管用。到了 20 世纪 30 年代，墨索里尼下令矫正比萨塔。

▼比萨斜塔

▲横跨在嘉德河上的古罗马渡槽

工程师们在地基上钻了好几百个洞眼，灌注了 80 多吨水泥浆，非但未能解决问题，反而使塔身进一步倾斜。

如果比萨斜塔的第一位设计师博纳诺·皮萨诺稍稍多费些心思，或者负责施工的工匠们不仅仅注意塔身的美观而沉湎在罗马式建筑的空间想象中，这个错误也许不会出现；如果在斜塔建好三层之后因发现塔身已经倾斜而从此停工、永远废弃，或者 90 年后另一建筑师西蒙纳试图调整塔身的愿望得以实现，我们大概都不能见到今日斜塔的奇观了。幸好，最终有一位勇敢而富于智慧的建筑师托马素完成了斜塔的施工，从而让人们得以欣赏到它的绝代风采。

“斜而不坍”的比萨斜塔经历了历史的洗礼，它是意大利人民的骄傲。然而，时间却使这座斜塔越来越斜了。意大利专门成立了斜塔拯救委员会，并展开“纠偏扶正”拯救工程。在整个拯救工程中，工作人员在斜塔北侧的塔基下码放了数百吨重的铅块，并使用钢丝绳从斜塔的腰部向北侧拽住，还抽走了斜塔北侧的许多淤泥，并在塔基地下打入 10 根 50 米长的钢柱。

在此之后的时间里，人工沉降的拯救方法达到了预期效果。比萨斜塔不仅停止向南倾斜，而且慢慢被“扳正”43.8 厘米。也许有一天，比萨斜塔要改一改名字了。

万神庙：圣母与诸殉道者教堂

万神庙，又称潘提翁神殿，是古罗马的建筑杰作之一，现为意大利国家圣地。

▲万神庙

兴建于 2 000 多年前的万神庙，过去一直封闭。罗马皈依天主教后，教皇博理法四世把它改为“圣母与诸殉道者教堂”，到了近代，它又成为意大利名人灵堂。万神庙以其容积宽广、建筑宏伟和设计智巧闻名于世，它还是文艺复兴时代设计的世界最大天主教堂——圣彼得大教堂的楷模。

万神庙圆形主体的前方有一个宽 34 米、深 15.5 米的柱廊，共有 16 根柱子，每根都是用整块的花岗石制成，柱子高达 12.5 米，底部基座的直径有 1.43 米。

万神庙是第一座注重内部装饰胜于外部造型的罗马建筑。但原有的部分青铜与大理石雕刻失之于外国掠夺或移用于后来别的建筑，外墙的瑰丽红石也不翼而飞，失去了往昔的风采。唯有神庙入口处的两扇青铜大门为至今犹存的原物，高 7 米，宽且厚，是当时世界上最大的青铜门。

正面排立着 16 根土红色科林斯式花岗岩石柱，上覆三角门楣的长方形柱廊。每根石柱的柱头上部是藤蔓似的涡卷，下面是带花的茎叶图案。神庙正面呈长方形，内部是一圆形大厅，直径和高度均为 43 米，由 8 根巨大的拱壁支柱承荷。四周墙壁厚达 6.2 米，外砌巨砖。无窗无柱，覆盖着一个直径达 43.3 米的穹顶，是自建成后到 1436 年间最大的穹顶。穹顶的最高点也是 43.3 米，顶部有一个直径 8.9 米的圆形大洞，用于采光。这个洞也是万神庙唯一的采光点，这样一来光线从顶部泄下，并会随着太阳位置的移动而改变光线的角度，给予人一种神圣庄严的感觉，十分适合宗教建筑的本性。

▼空中俯视万神庙

万神庙的穹顶内部还做了 5 层凹格，凹格的面积逐层缩小，但是数量相同，因此更加衬托出穹顶的巨大，并给人以一种向上的感觉。大理石的地面也使用了格子图案，并在中间稍稍凸起，这样当人站在庙宇中间向

四周看时，地面上的格子图案会变形，进一步给人一种大空间的错觉。大厅四壁神龛供奉着天主教圣人，厅中有多座祭台，祭台上有多幅表现“仁爱圣母”的画像，有的是圣母给圣尼各老显圣，有的是圣母抱子。

▲万神庙

万神庙的历史可追溯到公元前27年的罗马共和国时期，该庙由屋大维的副手阿格里巴所建，为的是纪念屋大维打败安东尼和克利奥帕特拉。但公元80年时被大火焚毁，直到公元125年才由罗马皇帝哈德良下令重建，并在新庙柱廊的山花上刻上了“吕奇乌斯的儿子、三度执政官玛尔库斯·阿格里巴建造此庙”。这段文字曾让人们误以为柱廊是阿格里巴时期遗留下来的，直到1892年人们才发现柱廊所有的砖头印记都在公元125年左右，才证实整幢建筑其实都是哈德良时期修建的。

公元609年，拜占庭皇帝将万神庙献给罗马教皇博理法四世，后者将它更名为“圣母

▼夜幕降临华灯初上时的万神庙

▲从万神庙中央仰视正殿上方的圆形穹隆

与诸殉道者教堂”，这也是万神庙现在的正式名称。变身为教堂的万神庙也因此逃过了中世纪的劫难，虽然庙内的大理石和穹顶上的镀金青铜板屡次被盗，但最终又都重新寻获。

但在16世纪中叶，万神庙却遭到了破坏。当时，教廷准备重建圣彼得大教堂，教皇乌尔班八世将门廊天花板上的镀金青铜板拆下来熔化，建造了圣彼得大教堂主祭坛上的天盖以及圣安琪儿堡垒的80门大炮。乌尔班八世为了仿造其他中世纪时期的教堂，还下令在万神庙门廊两侧建两座钟塔，这引起了罗马人的不满。拉丁谚语“巴波里没做的事，巴波里尼做了”由此而来（“巴波里”就是拉丁语中“野蛮人”的意思，而“巴波里尼”则是这位乌尔班八世的姓氏）。

万神庙是古罗马建筑艺术的结晶，不但对西方建筑史的进步有着举足轻重的影响，而且对宗教的传播和发展也有着重要的作用。

▼从这幅18世纪的绘画作品中，可以看出万神庙在当时的重要地位

▼17世纪时意大利人在万神庙上搭建了两座钟楼

充满神秘的地下宫殿——尼禄金宫

古罗马皇帝尼禄，在古罗马历史上赫赫有名，但却不仅仅是因为他的血腥统治。史书上不但记录了他作为暴君的历史，更记录了他为后世留下的那座神秘的地下宫殿。

▲“金宫”的建造者——暴君尼禄的头像

古希腊、古罗马的建筑废墟，即使仅存断墙残柱，通常也有种残缺的美，有些甚至比完整的建筑物更能引发人们对历史的联想和思索。然而，尼禄的地下宫殿却不是这样。

尼禄的地下宫殿是一座幽暗恐怖的古代遗址。一个又一个空荡荡、功能不明的房间，大的超过 100 平方米，小的仅容转身，清一色光秃秃的泥地、光秃秃的砖墙，灰泥砌缝裸露在外，不见任何表面装饰——没有马赛克镶嵌，也没有大理石雕刻，仿佛是一大套未经装修的公寓“毛坯房”，而且还都是阴暗潮湿的地下室。

宫室是一连串没有窗的房间，不清楚是何功用，它们唯一的身份就是考古学家标注的编号：35、36、37、47，从房间到房间，有门洞或走廊连接，走廊里同样是暗无天日。有时一个转弯，或是钻出某个门洞时，豁然出现一宽敞但仍然阴暗的厅堂，四壁明显凿有窗眼，却被砖块封得严严实实，不留缝隙。偶尔，天花板上出其不意地裂开一道口子，漏进一线天光，就好似舞台顶灯的戏剧效果。

▼尼禄将这处圆形剧场以自己的名字来命名

宫殿如监牢一般，幽暗闭塞，拥有这监牢般宫殿的主人，到底有

着怎样的幽闭恐惧的心理呢？

不过，要是联想到尼禄皇帝残害基督徒的传说，还真令人有毛骨悚然之感。据说，尼禄发明了一种酷刑，在基督徒身上凿洞，塞进棉灯芯“点天灯”，靠人体脂肪维持燃烧，作为夜间照明用的“人炬”。这个被称作“人炬”的刑罚，同无道的商纣王的“炮烙”之刑同样残酷。

▲表现尼禄让野兽们去杀死基督徒的画

▼“金宫”中的壁画

“金宫”现存面积9 290平方米，至少有300个房间；目前已发掘出150间，开放给游客参观的只是32个。这32个“毛坯房”总的来说大同小异，一样的阴暗闭塞，一样的缺少修饰。其实，“金宫”对于游人来说，是有些失望的。

根据考古研究发现，这座“金宫”的作用实际上是供尼禄享乐和炫耀的场所。他在新皇宫正门外竖起了一尊37.2米高的巨像，装扮成太阳神的模样，而形象正是他本人。这座巨像模仿了世界七大奇迹之一——罗德斯岛巨像，高度比后者还要高出几米。在“金宫”建成时，尼禄曾欣慰地表示“终于开始像人一样地生活了”。他所谓的“像人”，似乎昭示着他不仅仅是做古罗马皇帝，更想要成为至高无上的太阳神。

那么，这座举世瞩目的“金宫”究竟豪华到了何等程度？为罗马皇帝作传的苏维托尼乌斯写道：“门廊如此之高

▲一场不知名的大火却使“金宫”变成了如地狱一般

大，足以容纳一尊120罗马尺（37.2米）高的尼禄巨像；殿庑如此之宽广，仅三排柱廊就有1罗马里（约1 500米）长。池塘像海一样宽，岸边楼房之多宛如一座城市。四周装点着耕田、葡萄园、牧场、林苑，各类家畜、野兽四处游荡。宫殿的全部厅堂皆镶以黄金、宝石和珠贝，餐厅装有可旋转的象牙天花板，并设有孔隙，可从顶上洒下鲜花、香水。正厅呈圆形，像天空那样日夜不停地旋转。海水和矿泉水在浴池中奔涌不息。”

虽说苏维托尼乌斯的叙述不一定是事实。但是，从建筑史的角度考量，“金宫”还算是可圈可点。突出体现在编号128的“八角大厅”。它是现存宫室东半部分的主体建筑，罕见的八边形柱体上覆以一个直径14.7米的混凝土穹顶，穹顶中央开有一孔，作为采光口，光柱自圆孔倾泻而下，随时间变化在室内移动——或许这就是“可像天空一样昼夜旋转”的传说之由来？从内部空间设计到混凝土材料的运用，八角大厅都跟半个世纪后哈德良皇帝在罗马建造的万神庙十分相似（万神庙的结构是圆柱体上叠加圆顶），虽然穹顶直径只及后者的1/3，它可以说是万神庙的先声，甚至可能为万神庙的设计提供了一个样板。可惜的是，“金宫”建成不到1年，国内爆发起义，尼禄逃离罗马，罗马元老院随即以“人民公敌”之名判处皇帝死罪，并将其逮捕回国。临死时，这位暴君还在惋叹：“一位多么出色的艺术家死去了！”

▲“金宫”已破败不堪，只有那些树木，历经沧桑，一代又一代地发芽、生长

▼古罗马统治者为了祈福建造的神殿

时间凝固在古城庞贝

▲曾经雄伟壮丽的庞贝城遗址中窥见一些当年的影子

庞贝城，一座曾被掩盖在6米多深的火山灰下许多年的城市。它也是世界上唯一一座构造完全与当时相符的城市。庞贝的街道，完全是棋盘似的纵横交错的，这是正宗的古罗马的传统。

在古罗马版图内，庞贝只是一座普通小城，人口不过2万。但是，早在公元前3世纪末，庞贝人就在城市南部修建了可以容纳5 000人的大剧场。后来，这座大剧场几经维修，公元前80年加盖了拱顶，正面巨大的背景墙龛上下，塑有真人大小的9尊缪斯艺术女神和太阳神阿波罗及月神狄安娜的雕像。当年，这里曾演出希腊背景的戏剧和音乐。大剧场的东面就是小剧场，建于公元前80年，可以容纳1 500人。主要举办诗歌朗诵、小型音乐会、上演滑稽剧等。

到了帝国时代，商人地位有所提高，他们开始用题名的方式宣传自己。城南的依西丝（埃及的生育与繁殖女神）神庙，大门题铭告诉人们，出资修复这座公元前2世纪神庙的人是富裕的被解放的奴隶波皮丢斯之子切尔西奴斯。在神庙里面的地板上，也刻着波皮丢斯和他妻子、儿子的名字。

在庞贝市中心，已经有了巨大的公共市场。庞贝的食品市场，建于公元前2世纪。现在能够看到出售的商品遗迹中有鲜鱼，因为发现了十分完备的冲洗水道和鱼骨。神庙西面是建设中的粮食市场，还未建成便被火山岩浆吞没了，里面堆放着许多大型陶罐、石碾等。位于市中心的欧玛齐娅楼，是一座很大的综合性市场。外厢高处有两个相对着的大壁间，这是拍卖市场，为主持人和唱价人进行拍卖而设的。里厢是大型的洗衣场，有专门的排水道和专门收集人尿的房

▼19世纪的油画中描述的庞贝人家招待客人的情形

▲庞贝城留下的只是一座废墟

间和容器。因为尿是碱性物质，可以洗涤织物上的油渍。另外，这里还是羊毛交易市场。走在空旷的公共市场里，可以想见当年这里熙熙攘攘的交易和人声鼎沸的信息交流的场景。

▲在这幅庞贝城的镶嵌画

上层人士的住宅、公共建筑墙壁以及商家的墙壁上，处处都有各种神话故事的壁画。例如荷马史诗中的故事、太阳神的故事、海格力斯的故事、克里特岛的故事、金羊毛的故事、酒神的故事、战神与爱神的故事等等。此外，还有一些希腊悲剧故事的壁画。有些是纯粹的希腊故事，有些则被改造成为罗马化的神话故事，例如朱庇特劫持欧罗巴。埃及尼罗河风光和寓言故事，也是壁画的主要内容。

在城北“农牧神宅”里，留下了一幅巨大的镶嵌画，画面是亚历山大与大流士之战，使用了约 100 万块彩色嵌片。据考证，这是根据公元前 4 世纪厄立特里亚画家菲洛赛诺斯的绘画底本镶嵌的，而原画则是公元前 2 世纪罗马东征胜利后从东方夺来的。能够将如此复杂的镶嵌画复制出来，工艺水平之高可见一斑。

▼维苏威火山的喷发，导致了繁荣的庞贝城瞬间被毁灭了

火山爆发时庞贝城大约有 2 万居民，大多数在他们的假日别墅中。直到灾难发生的那一刻，庞贝人都不知道，他们脚下的沃土其实是不远处那座火山的馈赠。庞贝人还不知道，这座已经聚集了几百年力量的火山一旦爆发，他们所拥有的一切将在瞬间被摧毁得面目全非。

公元 79 年 8 月 23 日深夜到 24 日清晨间，维苏威火山爆发了。先是熔化的岩石以超音速的速度冲出

温度高达1 000℃的火山口，当火山内部再也承受不住巨大的压力时，惊天动地的喷发令火红色的砾石飞上7 000米的高空，然后，灼热的火山碎屑暴雨一般地从天而降，向着庞贝倾泻而来。庞贝人惊骇万分，自公元前1000年这块土地上有人居住起，维苏威火山在那不勒斯海湾蓝色的天空下从来都是鲜花遍坡，它已经平静几百年了。庞贝人开始逃跑，奔跑在街道上的人被砾石击中而倒下，下落的火山碎屑在庞贝城中不断堆积，建筑物因承受不住重压而倒塌。同时，炙烫的岩浆裹挟着碎石冲下维苏威火山，以每小时160公里的速度到达庞贝，覆盖了整座城市的每一条街道，岩浆腾起的气浪烧烤着路边残剩的房屋和依然躲藏在那里的人。紧接着，黑色的火山灰从火山口上空滚滚而来，密不透风地封堵住庞贝城中每一扇门、每一扇窗户，封堵住那些在砾石的袭击中侥幸存活下来的庞贝人的眼睛和胸腔，令他们最终因为窒息而死——“生命中最悲惨的一刻来临了，他无法呼吸”。

维苏威火山爆发18个小时后，火山碎屑将整个庞贝城掩埋，最深处竟达19米，曾被誉为美丽乐园的庞贝城从地球上消失了。

突发的灭顶之灾，使庞贝的生命戛然而止，那一刻，时间也同时被永远地凝固了。若干年后，庞贝才得以成为今天还能领略到的最伟大的古代文明遗址。1997年，庞贝考古区被列为世界文化遗产。

▼被掩埋了1 700年后残存的列柱

“冰人奥茨”与六个受害者

世界上最古老、保存最完好的木乃伊“冰人奥茨”在意大利北部阿尔卑斯山谷冰封了5 300年，自从十几年前奥茨被偶然发现后，5名曾经接触过这具干尸的人相继死亡，于是“奥茨诅咒”开始在民间流传开来，而且越传越邪乎。

难道真的是“奥茨诅咒”临头吗？

“冰人奥茨”是世界上现有最古老、保存最完好的古尸之一。据当地人说，奥茨具有无边神力，自从十几年前他的沉睡梦被打破后，就开始一步一步地向那些打扰他的人采取报复行动，并以一些神秘的方式让他们死亡。

▲充满神秘色彩的干尸

1991年9月19日，来自德国南部城市纽伦堡的赫尔穆特·西蒙与他的妻子伊利克外出徒步旅行，在意大利北部阿尔卑斯山靠近豪斯拉布约奇山口的一条冰川里发现了“冰人奥茨”的尸体。奥茨生活在青铜器时代，他的尸体已经保存了5 300多年。历史学家认为这一发现意义重大，奥茨也因此吸引了全世界的目光。

开始的时候，科学家们认为他是在平静中被冻死的。后来，通过各种调查，他们发现奥茨死亡时可能另有隐情。据分析，奥茨死时大约40岁，是在逃亡中被箭射中肩膀而死的，从他的身上还发现了4个其他人的血。

在几年前的10月间，67岁的西蒙独自一人，没有携带任何旅行用品，来到他发现奥茨的山中，就再也没能重返家园。3周后，他的尸体被发现。他的死亡报告上写着，他跌入300英尺深的山谷中摔死了。西蒙的死也被称为是“一个极大的讽刺”，因为他的死和使他一举成名的5 000多年前的奥茨的死非常相似。

然而，西蒙并不是第一个因“奥茨诅咒”而死的人。

第一个“受害者”：雷纳尔·汉恩博士。法医，参与了奥茨的发掘，是他将奥茨的干尸放进了尸袋。1年后，有人邀请64岁的汉恩作关于发现奥茨的演讲，不幸的是，途中遇车祸身

▲神秘的干尸

亡。

第二个“受害者”：科尔特·弗里兹。他是因奥茨发掘而获实利较多的人之一。曾多次组织旅游团到奥茨的发掘地参观，1993年死于一场罕见的雪崩。但令人奇怪的是，所有去参观的旅行团成员中，只有他被雪崩压死。此后，“奥茨诅咒”也越传越玄。

▲埃及的狮身人面像

第三个“受害者”：47岁的摄影师雷纳尔·霍尔兹。霍尔兹的摄像机记录了全过程，并将这些珍贵资料独家提供给奥地利国家电视台，霍尔兹将片子制作完不久即死于脑瘤。人们认为他惹恼了奥茨的在天之灵，是受到奥茨的报复所致。

第四个“受害者”：赫尔穆特·西蒙。

第五个“受害者”：45岁的迪特尔·沃那尔克。当年，西蒙失踪，沃那尔克参加了营救工作。但是，西蒙下葬仅1个小时后，沃那尔克便因心脏病突发而死。

▲曾有人说奥茨是和野兽搏斗时流血过多而死的，可是，经科学家证实，这种说法是错误的

康拉德·斯宾德勒是从来不相信什么诅咒的。这位奥地利因斯布鲁克大学的历史学教授是一个非常理性的人，他只相信事物的因果关系，绝对不相信所谓的诅咒能把人咒死。但是，斯宾德勒教授还没有研究完这个冰人就去世了，虽然关于死因，他的死亡证明书上写得清清楚楚，是因患多发性硬化症医治无效而死亡，但他的死还是在当地引起了不小的议论，有人认为他是“奥茨诅咒”的第六个“受害者”。

▼在奥茨生活的年代，刀具经常是必备的装备

不过，真正相信诅咒会应验的人并不多。当地居民卡塞琳娜·赫瑟尔说：“在奥茨被发现后的14年里，与他有关的人中确实有6人已经死亡，但这又能说明什么问题呢？与这具木乃伊接触过的人超过了150人，除那6名已经谢世的人外，其他人全都健康地活着，生活

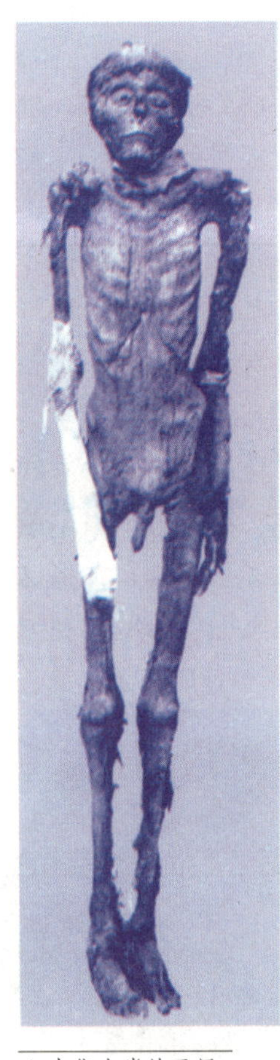
▲古代人类的干尸

完全正常，有的肯定还会很长寿。如果‘奥茨诅咒’真的那么灵验的话，其他人的情况你作何解释？”

▲专家们借助于对埃及法老木乃伊的研究成果来考察“奥茨”

其实，对这6个人的死因逐个进行分析，就不难发现，除了西蒙是意外死亡外，其他几个人的死都是正常死亡。斯宾德勒教授死时的年龄是奥地利男性预期寿命的90%，而死于车祸、脑瘤以及心脏病在现代社会是很正常的。

很多专家也对“奥茨诅咒”的传闻不屑一顾，认为“奥茨诅咒”一说与1922年埃及第十八王朝图坦卡蒙的墓被打开后所流传的所谓“图坦卡蒙诅咒”大同小异，当时很多人也说参与发掘的人都要在数周内死掉，但实际上参与发掘的25人的平均寿命是71岁。

近日，有关“冰人奥茨”的最新研究问世，在复杂的DNA检测和侦破技术的帮助下，科学家日前得出结论，1991年被发现于阿尔卑斯山、生活在石器时代迄今已有5 300年的“冰人奥茨”生前是被人谋杀的。据称，在一场至少持续2天的暴力冲突中，“冰人奥茨”遭到了几个人的致命攻击。

埃达得·伊加特是意大利玻兰左博物馆的首席验尸官和奥茨尸体的监护者。为了证实奥茨死于暴力冲突的说法，伊加特走访了许多参与过奥茨尸体研究的人员，从中得到一个重要的信息，当年发现奥茨的尸体时，奥茨的右手还抓着一把匕首。后来由于把奥茨的尸体搬出冰层。其手上的匕首脱落下来。尽管伊加特得到了这一重要发现，但奥地利专家并没有给予足够的重视。

关于奥茨的死因，此前也有猜测，一位意大利放射学专家发现，在奥茨的肩膀深处有一个箭头。专家由此推断说，奥茨可能在近距离肉搏受伤后逃走，背上中了一箭。这支箭击碎了他的肩胛骨，破坏了主要神经和几根大血管，导致左臂瘫痪。他在继续逃亡的过程中不断失血，最后伤重而死。

▼“冰人奥茨”经历了一场残酷的搏斗后因体力不支倒下

关于“冰人奥茨”的争论还将持续下去，那么究竟是谁杀害了“冰人奥茨”呢，当时的情景是怎样的呢，又是什么原因非要置他于死地呢？这些谜团只有期待将来的某一天来解开。

古罗马角斗士是享乐的殉葬品？

在文明化程度很高的古罗马，却存在着一种近乎野蛮的运动——角斗。

大竞技场中，看台下，奴隶们戴着黄金面具，穿着发着光泽的盔甲，用铁剑和盾牌表演角斗或斗兽，与那些沙场上金戈铁马的将士不同，他们没有冲锋的豪情，仅有一线生存的幻想；看台上，那些衣冠楚楚的贵族将军们喝着美酒、搂着美人，享受着人与人、人与兽血肉横飞地撕咬。他们的乐趣，还在于可以伸出大拇指赐予奴隶生还，或者大拇指朝下处决奴隶，人的生死完全掌握在一念之间。

这是人们在电影《角斗士》中常见的镜头。不过，关于角斗士的真实生活，目前的最新发现表明，高薪的古罗马角斗士打斗多数是点到为止。

其实，古罗马的角斗士们，并非人们想象中的那样都是奴隶出身，每天艰难地游走于生死之间。而且，他们的结局也不是要么杀死对手，要么被对手杀死。

公元 1 世纪时，竞技角斗就已成为一种娱乐形式和军事艺术。而且，角斗士在古代社会也是薪水高、地位高的“专业人员”，甚至连饮食都很奢侈。一项最新研究显示，古罗马的角斗士都是经过高标准训练的“专业人员”，其地位相当于现代人眼中的体育明星一般。最重要的是，竞技场里的角斗并非人们一直认为的“拼命杀死对方”，而只是通过展示各自的战斗技能来娱乐大众。

美国迈阿密大学的考古学家史蒂夫 · 塔克指出：“我们在研究文献资料和古罗马帝国的碑铭后得知，当时角斗士非常出名，他们中的许多人在罗马境内路人皆知。他们极少搏斗，一般来说，两名对阵的角斗士在比赛过后都能活下来。”

▼古罗马的角斗士们在搏斗中经常是近身肉搏

提到角斗士，这里还有一个有趣的故事。喝酒的时候，为什么要碰杯？据说，这种喝酒碰杯的做法最早起源于古罗马。古罗马崇尚武功，巨人之间常常开展角力竞技比赛。而这些选手们在竞技前习惯于饮酒，以示相互勉励之意。可是，由于酒是事先准备的，万一被下了毒药怎么办？于是，为了防止心术不正的人在自己喝的酒中放毒药，就想出一种防范的方法，即在角力前，角斗双方各将自己的酒向对方的酒杯中倾注一些，这样自然就不会有人冒着自己被毒的危险下

▲古罗马帝国的大竞技场——科洛西姆

毒了。从此以后，这种碰杯的习惯便逐渐发展成为一种社交礼仪。

虽然这个故事的说法真实与否还有待考察，但是，在古罗马，角斗确实是比较流行的活动，人们常常相互切磋武功，比试高低。

目前，专家的研究重心是角斗士一对一对决时所使用的战术策略。专业人士对158幅描述古罗马时期的角斗士战斗情形的画作艺术品进行仔细考证，并将它们与中世纪和文艺复兴时期的击剑指导书籍以及军事艺术品进行比较。根据专家的说法，将中世纪的击剑书籍与角斗士艺术品作比较意义很大，因为这些作品都是描述一对一的战斗，而且中世纪武士的披甲和武器与角斗士所使用的相似。

经过研究表明，角斗士每场角斗一般分为三个阶段。

第一阶段：初步接触

角斗场中，进行角斗的两名角斗士必须灵活地移动双脚，这是他们胜利的保证。前进、后退，他们等待着时机，找寻着对手的漏洞。一旦发现对手疏于防范，他们便充分挥动武器，完成一击。

第二阶段：进行防守

当其中一名角斗士受伤或者处于下风的时候，检验角斗士的是看角斗士如何进行后退防守。优秀的角斗士，在自己处于下风时，便开始后退，拉开自己与对手之间的距离，直到处于对自己有利的防守距离为止。

第三阶段：徒手搏斗

到了角斗的最后阶段，角斗士将要进行的是徒手搏斗，这个时候，角斗士会扔掉自

▼这些角斗士们经常利用各种武器进行角斗

▲角斗士们还要和凶猛的动物进行搏斗

己手上的剑和盾，展开激烈的徒手互搏的战斗。

从以上三个阶段的这些动作，人们可以看出，角斗士进行角斗的目的：角斗的目的并不是要最终杀死对手，反而如古罗马诗人所说的，是为了“不流血地胜出”。而能够在三个阶段均表现突出的角斗士，将会被认为是一名出色的角斗士，从而成为最终的优胜者。

既然那些角斗士们的角斗过程和结果与人们想象的有很大区别，那么，古罗马角斗场上的勇士们的生活又是怎样的呢？奥地利科学家对迄今发掘的最大古罗马角斗士墓地中的遗骨进行了研究，发现角斗士的形象和生活可能与人们想象的同样有很大不同。这些角斗士们是一群体重超标的素食者，他们的主要食物是大麦和豆类。

▼古罗马时期人们在盛大的宴会中使用的酒杯

维也纳大学研究人员对墓地中 70 多具遗体的骨骼做了化学分析，发现骨骼中锶的含量高，锌的含量低。如果是肉类与蔬菜搭配的正常饮食，骨骼中微量元素锶、锌的含量应该是均衡的。据此，研究人员推断，那些强壮勇猛的古罗马角斗士可能是长期食用大麦和豆类的结果。这一发现，不但揭示了古罗马角斗士的生活情况，更是解开了学术界一个长久的困惑，即为何角斗士被古罗马人称做“嚼大麦者”。

新研究结果还解决了另一个问题，那就是古罗马镶嵌画中角斗士的形象都矮壮笨重的原因。之前，学者们认为：是为了表现角斗士的雄性气概，而不是对他们身材的如实描绘。现在，人们终于明白了，角斗士的确体重超标。他们每天摄入足量的大麦和豆类来让身体肥胖并变得更加强壮，这样，就可以减轻身体遭受外来打击时所受的损伤，因为脂肪层对神经和血管有保护作用。

科学家们还发现，这些角斗士的骨密度显著高于普通人，这与现代运动员是一样的。脚部骨骼的增大特别明显，这表明他们在角斗场的沙地上是赤脚作战的。从骨骼分析结果可知，角斗士在角斗前体重会增加而非降低，这与加强训练造成的效果刚好相反，同时也说明了角斗之前并不会进行特别激烈的训练。

此外，在伦敦附近的小城哈利卡纳苏斯，“阿奇丽娅和亚马逊”石雕的出土，它引起了考古界的轰动，关于古罗马女角斗士是否存在的争论也再度激烈起来。

或许有人认为，女人无论在身材还是肌肉的发达程度上都无法与男人相比，所以，她们在古罗马角斗场上只能携带一些较轻的武器。但大理石雕“阿奇丽娅和亚马逊”显示，至少有些女角斗士手持的是重武器。“阿奇丽娅和亚马逊”手持用桦木制作的沉重的盾牌，胳膊和腿上绑有亚麻或金属护具，整套护衣大约重 30 磅，手里持的是短剑。单从这方面分析，她们应属于重量级角斗士。

▲角斗士进行角斗时有时会戴着这种面具

看来，之前人们对角斗士的看法要彻底被颠覆了。当从一个全新的角度去审视古罗马时，人们发现，古罗马人也许并不像想象中的那样冷酷无情。

▼曾经雄伟恢宏的竞技场

基督教的血泪史

公元1世纪中叶，基督教产生于地中海沿岸的巴勒斯坦，135年从犹太教中分裂出来成为独立的宗教。在早期的200多年中，基督教经历了无数次政府取缔、逼迫以及民众的暴力对待，许多基督徒为自己的信仰而献身。而到了古罗马帝国时期，政府对基督教的迫害达到了极致。

▲基督教徒在罗马一度遭到残酷的迫害

既然要取缔基督教，自然要制造一些事由。于是，为了煽动民众的反基督教情绪，古罗马的一些理论家编造针对基督徒的谣言，如基督徒在拜神时要杀死婴儿并喝其血、吃其肉，还说基督徒狂饮、乱伦等等，所有古罗马社会的恶行都被强加在基督徒身上；此外，政府还制造了嫁祸于基督徒的恐怖事件。根据罗马史学家塔的记述，古罗马皇帝尼禄故意在罗马城纵火，嫁祸于基督徒。后来，盖勒流也采取同样手段，15天内在尼科米底亚皇宫制造了两起纵火案，并诬蔑为基督徒所为，当时的皇帝戴克里先才有机会迫害基督徒。

对基督教迫害最为严酷的当属尼禄。当年，这位残忍的古罗马皇帝曾命令将不少基督徒投进竞技场中，在罗马权贵们大笑中，这些基督教徒们被猛兽活生生地撕裂咬死。他甚至吩咐人把很多基督徒与干草捆在一起，制成火把并排列在花园中，然后在入夜时点燃，照亮皇帝的园游会。

▼基督教徒奉为经典的经书——《圣经》

奥热流皇帝对基督徒的迫害也非常残暴。根据史学家沙夫的描述，“殉道者的尸首，满布街头；那些尸首被肢解后焚烧，余下的骨灰则撒入河中，以免他们所谓的‘神的仇敌’玷污大地”。

公元250年，僭主德修斯发出敕令，命令基督徒必须在选定的反悔日放弃自己的信仰，否则将受到地方总督的审判。而那些身为基督徒的政府官吏或被罚为奴隶，或被没收家产，最坚定的还被处以死刑。至于那些劳苦的平民，其处境简直可以用悲惨至极来形容。

公元303年，戴克里先皇帝又发出敕令，开始了“罗马帝国政府发动的最大一场宗教迫害”，众多摧毁教会、收缴圣经和屠杀教士的暴行发生了。为了更有效地统治罗马帝国，他还要求所有罗马公民必须信奉同一信

▲许多人为了同一个信仰加入到基督教中

仰，而基督徒也就成为他的心头之患。于是，他便诬蔑基督教是邪教，下令摧毁基督教会，基督徒被迫在背弃信仰或者死亡之间作出选择。

罗马皇帝多米田也曾下令大规模搜捕基督徒并将他们处死，就连他表弟一家也不能幸免。多米田之所以迫害基督徒，并不是因为他看不起基督教，而是因为基督徒不肯称他为神。这位皇帝不甘按照惯例等待死后被追封为神，而在生前就要求百姓以“我们的主、我们的神”称呼他。

历史上，古罗马人对女基督徒的迫害更是骇人听闻。他们除了利用一些酷刑来迫使女基督徒就范之外，还用他们的贞节来凌辱她们。一些史书叙述了发生在公元209—212年之间的事。据说，那些视死如归的虔诚的妇女往往被迫受到严峻的考验，要她们决定，在她们看来宗教信仰和自己的贞洁究竟何者更为重要。而那些奉命并来奸污她们的淫荡青年，事先都曾受到法官的庄严告诫，要他们对那些不愿向维纳斯爱神祭坛敬香的渎神的处女，必须尽最大努力来维护爱神的荣誉。由此，不难看出，当时的统治者对基督教的迫害是多么的凶残。

▼十字架上的耶稣

虽然，基督徒们经常被迫害致死，但是，死亡并没有让教徒们低下他们的头，更没有令他们放弃自己的信仰。在古罗马时期，主教坡旅甲被解赴竞技场。一个看押他的巡抚说，只要他在众人面前否认基督，就可得到释放。坡旅甲说，“86年来我一直侍奉我的主，他从未亏待我，我怎可羞辱那位拯救我的君主？”巡抚打算烧死坡旅甲。坡旅甲平静地说：“你想以火吓我，那火充其量不过燃烧1小时罢了，你却忘记那永不熄灭的地狱的火。”随后，一群暴民一拥而上，将他活活烧死。

不仅是那位满腔热血的主教慷慨就死，就连年轻的信徒也肯为了信仰而献出青春和生命。热流皇帝在位时，有一位名叫冼弗连纳的年轻信徒为坚持信仰而被判处死。在行刑前，他的母亲鼓励他说：“我儿，要坚强，不要惧怕死亡，因为它将你引进到真正的生命之中。仰望那在天上掌权的，今日你在地上的生命不是被取去，它只不过是被转化，化成天上的生命。”当时，很多忠实的基督徒甚至在没被判处死刑时也随同被判极刑的殉道者跳进熊熊烈火。他们本该在烈火中呻吟，但却在烈火中赞颂他们的神。这是腐朽、昏聩的罗马社会所无法理解的。

▲地下墓室的墙上刻有基督教的《圣经》

古罗马的统治者为何百般迫害基督教和基督徒呢？他们之间有什么解不开的死结？要弄清这些问题，首先要从基督教的教义说起。在古罗马时期，基督徒信守圣洁、仁爱、和平和正义，这在当时看来是一些不切实际的理想。出于仁爱，基督徒拒绝进入竞技场观看战犯与奴隶肉搏至死，他们将自己的奴隶无条件释放。不少教父批评罗马人奢华逸乐的生活方式，引起一些人很大的不满。基督徒纯洁的个人生活与普遍堕落、奢靡的社会氛围形成一种强烈的对照，使很多人尤其是当权者感到一种很大的威胁。

而且，基督教坚持自己信仰的独特性，不肯与其他宗教融合或并列，也得罪了维护罗马宗教的人。当时，古罗马城里供奉着各个民族五花八门的神，很多是邪神，那些邪神的信奉者对此也耿耿于怀。这些原因纠缠到一起，也就出现了前面的那些对基督徒迫害的场面。

▼象牙雕刻描绘耶稣受难的事

但是，这一切非但没能阻止基督教信仰的传播，还使越来越多的人为圣徒们的精神所震撼，随着基督教的发展和壮大，越来越多的人加入到这个集体中，使基督教在世界范围内广泛地传播开来。

▲基督教的教皇佩戴的十字架

第三章

中世纪欧洲：黎明前的漫漫长夜

当欧洲进入中世纪后，欧洲历史进入了长达 1 000 多年的黑暗统治时期。宗教、战争、掠夺、殖民、瘟疫，这些仿佛已成为那一时期的代名词，此时，欧洲的漫漫长夜开始了。所幸，在这个时期还有一件振奋人心的事情：文艺复兴。正是由于它的出现，到了 17 世纪，欧洲迎来了自己的现代文明。

掠夺与殖民——十字军东侵

▲教会进行改革将不符合基督教的书籍悉数焚毁

随着欧洲经济的发展，封建社会内部的分化加剧了。为了获得更多的财富、扩大基督教在世界范围内的影响，教皇组织十字军远征东方，开始掠夺经济发达的近东国家。这场浩浩荡荡的十字军运动拉开了西方殖民主义的序幕。

1095年，教皇乌尔班二世在法国克勒芒城召开宗教会议，并在城外露天场所向与会者和来自法国各地的骑士、市民和农民发表著名演说，演说大意是："圣地"被回教异教徒占领了很多年，屡遭玷污。教众们应拿起武器，收回"圣地"和"圣都"耶路撒冷。参战者不但蒙神恩赦免罪恶并得以升入天国，并发出组织十字军东征的号召。

十字军，因参加的骑士都在胸前或肩上佩戴象征十字架的徽章而得名。十字军的构成几乎包含了当时所有的阶级。教会：以教皇为首的教会上层僧侣是这场战争的鼓动者和策划者。他们的目的是扩大罗马教廷影响，并掠夺东方国家的领土和财富；骑士：这些没落的骑士们为了发财致富，积极参与进来，成为十字军的主要成员；大封建主：大封建主们除了扩大领地和寻找财富外，还梦想建立富庶的东方国家；贫穷的农民：为了摆脱封建压迫和贫困，贫困的农民也积极地参与进来，但看到希望不可能实现，便拒绝参加后来的东征。

由于教会曾征服过西西里，收复了西班牙，已经显示出了非常强大的实力。所以，他们深信这场东征的战争一定能够取得胜利，再加上意大利各城市提供的战船、武器等，他们更加胜券在握、有恃无恐。

1096年春，法国北部、中部和德国西部穷苦农民组成的十字军，首先分别从本乡出发，踏上了征途，他们被称为"穷人十字军"。然而，这批乌合之众历尽艰辛到达小亚细亚草原后，便遇上了塞尔柱土耳其人装备精良的铁骑。结果，"穷人十字军"大部分被歼灭，只有一些人侥幸逃回，他们还未找到金银财宝，便已命丧黄泉。十字军的主体——由法国、意大利等国封建主组成的骑士十字军，开始从法国、意大利和德国西部出征。他们由封

▼教皇经常和皇帝一同主持会议

建领主率领,武器准备精良,组织也比较严密,总数约4万人。经过小亚细亚半岛，向耶路撒冷挺进。

1097年，十字军攻占塞尔柱人国都尼凯亚，1098年，又攻占埃德萨和安条克，建立起最初几个十字军国家——埃德萨伯国和安条克公国。1099年7月，十字军攻占耶路撒冷，建立耶路撒冷王国。十字军在东方建立的其他国家，均附属于耶路撒冷王国。而且，为了便于统治和镇压起义反抗者，十字军建立了圣殿骑士团和医院骑士团。至此，第一次十字军东征结束，加上穷人十字军，参加这次东征的人数达到了10万人之多。

▲十字军中的骑士们是教皇进行东征的主力军

1144年，塞尔柱突厥人占领埃德萨，十字军进行了第二次东征。结果，在小亚细亚半岛，十字军被土耳其军队击溃；而十字军攻占大马士革的企图也落了空。第二次十字军东征以失败告终。

1187年，在太巴列湖附近战役中，埃及苏丹撒拉丁军队击溃耶路撒冷王国军队，并占领耶路撒冷。于是，“神圣罗马帝国”皇帝腓特烈一世、法王菲力浦二世和被称为“狮心王”的英王理查一世以夺回圣地为名,发动了第三次十字军东征。这次出征的十字军阵容强大,可是,由于各国十字军之间矛盾重重,未能取得与其实力相称的战绩。德皇腓特烈在远征途中，行进至西里西亚时，溺水而亡，法王菲力浦仅夺回亚克后便返回法国，只有“狮心王”理查在叙利亚取得一定战果，攻占了塞浦路斯，并建立塞浦路斯王国。但是，他并没有夺回圣都，仅与萨拉丁签订停战协定，耶路撒冷仍留在穆斯林手中，萨拉丁保证保障朝圣者的安全，随即回国。第三次东征至此结束。

▲中世纪时期的十字军和妻子的雕像

第四次十字军东征：从1202年开始至1204年结束，教皇英诺森三世率军东征拜占庭帝国。十字军在已瓦解的拜占庭帝国的部分领土上建立起几个国家，其中最大的是拉丁帝国，它拥有巴尔干半岛许多地区和小亚细亚西北部以及爱琴海和伊奥尼亚海上的一些岛屿。第四次十字军东征后，威尼斯作为意大利最强大的国家垄断了同东方各国的贸

▼十字军战士们正在进行训练

▲“狮心王”理查率领十字军进行了第三次东征

易，并夺取拜占庭许多贸易和军事要地。

第五次十字军东征：从 1217 年开始至 1221 年结束，奥地利大公利奥波德六世和匈牙利国王安德拉什二世率领奥匈十字军联军对埃及进行的远征。十字军在埃及登陆后，攻占达米埃塔特要塞，但被迫同埃及苏丹签订停战协定并撤离埃及。

第六次十字军东征：从 1228 年开始至 1229 年结束，“神圣罗马帝国”皇帝腓特烈二世率领进行东征。这次东征使基督徒于 1229 年夺回了耶路撒冷。

第七次、第八次十字军东征：第七次东征从 1248 年开始至 1254 年结束。第八次十字军东征是在 1270 年，在法国国王圣易九世统率下先后对埃及和突尼斯进行的两次东征，但均遭失败。

在十字军的历史上，还有一支“儿童十字军”。1212 年，在教皇和封建主的哄骗、煽动下，3 万多名儿童参军。他们大多是农家孩子，年龄不超过 12 岁。在法国马赛集合后，被送上木船渡海“东征”。结果，有的船遇风暴，沉入大海；有的船到埃及，船上儿童全被船主卖为奴隶。在德国，也有 2 万儿童受骗参军。他们好不容易翻越阿尔卑斯山，就饿死了一大半，剩下几千人到了意大利，又被拐卖掉不少。“儿童十字军”坑害了五六万天真无辜的孩子。

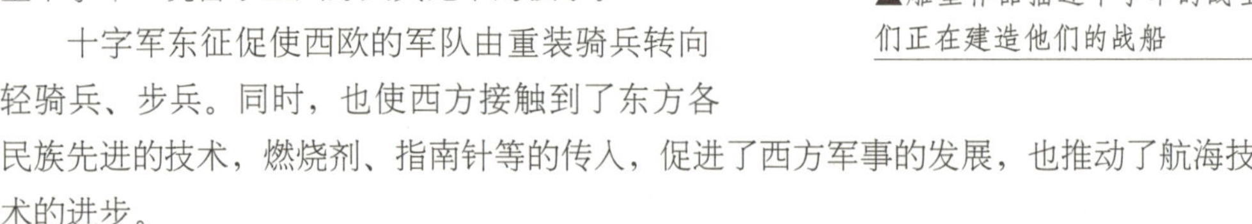

▲雕塑作品描述十字军的战士们正在建造他们的战船

十字军东征促使西欧的军队由重装骑兵转向轻骑兵、步兵。同时，也使西方接触到了东方各民族先进的技术，燃烧剂、指南针等的传入，促进了西方军事的发展，也推动了航海技术的进步。

十字军东征使东方和西欧各国千百万人丧生，并造成了巨大物质损失，大大阻碍了这些国家生产力的发展。

▲雕塑作品中描述骑士和步兵进行战斗的场面

骑士：中世纪欧洲的脊梁

中世纪欧洲出现了一个特殊的阶层——骑士阶层，他们以服骑兵军役为条件，获得国王或大领主的封地。他们是参加镇压农民起义，或国王、大领主掠夺战争的级别最高的战斗人员，是以马代步驰骋于沙场的贵族。

这种骑士制度源于中世纪加洛林朝的法兰克王国，后来才逐渐推行到欧洲各国。为了巩固骑兵，法兰克王国摒小农于军役之外，让贵族和富裕农民成为职业骑兵；并将土地分封成为提供骑士的军事采邑，从而奠定骑士制度的坚实基础。

要想成为骑士，出身于贵族家庭是重要条件。同时，骑士还必须从小经受训练，到领主家充当侍从学文习武，向女主人学习礼仪，21 岁时方能被正式授予骑士称号。骑士晋封仪式程序较复杂，一般可分为三种类型：

(1) 宗教型，主持者为教皇、主教或神职人员，地点一般在教堂；

(2) 世俗型，主持者为君主或世俗贵族，地点多在王宫、城堡；

(3) 宗教与世俗混合型，主持者一般是君主或世俗贵族，神职人员担任其中的祷告弥撒等宗教活动，地点或在宫廷城堡，或在教堂。

在整个仪式过程中，授剑仪式最为隆重，可谓核心仪式。候选骑士要斋戒、洗浴、忏悔、祈祷宣誓、穿戴铠甲头盔、装踢马刺等，然后是接受象征骑士职能的剑；封主用佩剑放在受封者的颈上或肩头轻轻拍打几下，同时庄重陈述骑士的基本准则。最后，新骑士在奔驰的马背上展示其武功，持矛猛刺靶子以及即兴比武等。由于晋封仪式及其以后庆典活动开支颇费，故往往有几个骑士共同举行晋封仪式。14 世纪以后骑士晋封仪式渐趋简单，统治者为扩充兵源，使许多非贵族出身者通过钱财或战功都可获得骑士称号。

教会对于骑士受封仪式极其重视，其往往利用仪式过程所象征的意义，灌输与渗透基督教观念与精神。到了 11 世纪时，教会开始宣扬骑士是上帝在世间的战士，在授剑仪式中引入弥撒，以坚定骑士对上帝的信仰。在教会宗教思想寓意下，骑

▼组成十字军的骑士们并非百战百胜，由于他们的战术体系和兵器落后，经常吃到败仗

▲身穿白袍的圣殿骑士

士们一边打击异教徒和上帝的敌人，一边保护人民和弱者。

从军事角度来看，竞技和战争是骑士的主要职能。一方面，更多的是骑士为保护或捍卫自己的权利与荣誉，抑或是宗教纷争、路见不平以及种种纠纷等等进行战斗，因为在中世纪封建割据的政治状态下，通过封建的私法私战来解决矛盾，似乎已是一种社会通行的方法，所以持剑纵横、打仗私斗对骑士来说既是一种职业或生活方式，也是一种获得荣誉财富的途径；另一方面，骑士必须每年为封主提供40天军事性质的服役，或随封主征战。因此，欧洲中世纪的武装骑士不仅是封建林立城堡的主要守护者，而且也是军队战斗的核心。

骑士们的日常行动是怎样的呢？根据记载，这些骑士们必须按照封建统治者和教会的价值取向规范和引领。这里主要有三个方面：

（1）经常进行骑士比武大会。骑士比武大会流行于西欧，举办时机往往是庆祝骑士晋授典礼或皇族贵族间的婚典、一个国王或大贵族的来访以及种种喜庆、宗教节日等。一场比武大会有时要举行一周，比武场是城中广场或野外空地，周围有装饰漂亮的看台包厢供绅士民众观看，并有乐队演奏。骑士们先进行马上枪战，两骑对冲以矛击对方，一方被击落地后，双方可在地上继续打斗直到一方求饶或主持人叫停。这种枪战有时也是为了骑士所心仪的小姐之荣耀而战。胜利者将获裁判官或一贵妇颁发的奖品。

（2）教会出面限制私战。1027年始，法兰西教会便宣告“神命休战”。起先这种休战还限收获季节和假日以及每星期的某几天，最后发展到只允许每年中有80天时间可用于私战或封建战争。12世纪，“神命休战”成了西欧教会法和民法的一部分。

（3）“神圣的战争”——十字军东征。十字军东征为欧洲骑士提供了一个尽情发挥其力量与作用的历史舞台，也为他们掠夺财富提供了一个最为广阔的空间。中世纪欧洲的十字军运动最终以失败告终，但它给世界历史发展进程带来巨大影响。

在中世纪欧洲的骑士制度下，曾经产生过3个较大的骑士集团：圣殿骑士团、善

▲骑士们组成了十字军进行了八次、历时长达数十年的东征

堂骑士团和条顿骑士团。

圣殿骑士团的正式名称是“基督和所罗门圣殿贫苦骑士团”，始创于1118年前后，其团员主要是来自法国的十字军骑士。这个骑士团的创始者最初住在毗邻救世主教堂的耶路撒冷王宫的一角，而救世主教堂的原址是阿拉伯伊斯兰教的一个清真寺，据传此地原是所罗门国王的神殿。“圣殿骑士团”的名称由此而来，有时也译为“神殿骑士团”。这个独立的教团内分三个等级：骑士、军士和教士。后来，他们逐渐变成了天主教会内最强大、最富有的僧团之一。

善堂骑士团的雏形出现于第一次十字军东征尚未开始的1070年左右，它的任务是进行一些“慈善”工作，比如保护来“圣地”朝圣的西方基督徒，供给朝圣者食宿、医治生病的基督徒等，故得此名。它的成员是以耶路撒冷的“圣约翰圣殿”为中心而聚集起来的，故又称为“约翰骑士团”。

条顿骑士团是三大骑士团中建立时间最晚的一个，但却是影响最大的一个。它于1198年在巴勒斯坦建立，主要由德意志骑士组成，白色外衣，佩戴黑色十字章，白色斗篷上绘有红色宝剑和十字。1237年，条顿骑士团与驻在波罗的海东岸的圣剑骑士团合并之后，势力猛增，成为东欧的一股强大的政治力量。此后的50年间，条顿骑士团又牢牢地控制了普鲁士，这样便形成了从东西两方钳制波兰领土，直接威胁波兰国 家安全的态势。

欧洲中世纪就是骑士时代，骑士阶层是社会的中坚力量，而且骑士制度具有一种影响整个时代的骑士文化与精神。骑士文化精神不仅是西方思想文化史研究中所关注的对象，而且也是欧洲军事历史研究中的一个重要课题。

▼骑士们在孟菲拉公爵的率领下组成十字军进行了第四次东征

纵横三大洲的拜占庭兴衰史

拜占庭生存1 000年的历史，“始终是一个衰弱、悲惨的故事”。但长期以来，人们重视和正确评价了它对人类文明的多方面的贡献，从而忽视了这一基本的论断。不过，介绍拜占庭历史的准确方法和背景多少仍是个谜。这1 000年应描写成罗马帝国历史的尾声，还是斯拉夫文明的背景，或奥斯曼帝国的序幕呢？

▲拜占庭帝国的士兵形象

拜占庭之名起源于一座靠海的古希腊移民城市，330年罗马皇帝君士坦丁一世在此建城，作为罗马帝国的陪都，并改名为君士坦丁堡。君士坦丁堡位于连接黑海到爱琴海之间的战略水道博斯普鲁斯海峡，扼制海陆商业要道，地理位置十分优越。395年庞大的罗马帝国饱受各路蛮族侵扰，476年，西罗马帝国灭亡，拜占庭于是成为罗马人唯一的帝国。

9世纪初至11世纪初，拜占庭帝国臻于极盛。当时帝国的行政区划分完全以省为基础；各省由主管行政和军事事务的将军统治。这一行政军事化，是作为外来危险迫近时的一项应急措施，由希拉克略予以实现的。帝国将各省的土地分给农民耕种，作为他们服兵役的报酬。在强有力的皇帝们的统治下，由于农民承受着巨大的捐税负担，这种分省统治确保了有效的行政管理，提供了军需储备，填满了国库。

拜占庭的经济也牢固地建立在自由农民村社的基础上，这种村社同大地主的庄园一起发挥着作用。自希腊—罗马古典时期以来，在残存的城市中心，工匠的技能水平很高。阿拉伯作家描写了拜占庭的手工艺品，尤其是奢侈品的质量，认为只有中国的工艺品能与之相媲美。自欧亚大陆各地区经由君士坦丁堡的大量货物同样很重要，它们是黑海地区的奴隶和盐，印度的调味品、香料和宝石，埃及的纸莎草和粮食，中国的丝绸和瓷器以及西方的银、熟铁产品、亚麻布、棉花和毛织品等。

政治、经济、军事实力的增长，使拜占庭皇帝们能够再次发动征服战争；这些战争虽不像查士丁尼所发动的征服战争那样野心勃勃，却较为实际。他们重新收复克里特岛和塞浦路斯岛，从而制止了阿拉伯海军对爱琴海域的侵袭。帝国的疆土也扩大到叙利亚北部、亚美尼亚和格鲁吉亚。巴尔干半岛北部的保加利亚人，一直是帝国的威胁，1014年，巴西耳二世在巴尔干半岛北

▲一本拜占庭镶有金子和宝石的书

部取得决定性胜利，从此被称为“屠杀保加利亚人的刽子手”。

▲拜占庭时期创作的镶嵌画

这一时期文化上是一个稳定、统一的时期。拜占庭人仍称自己为罗马人，但希腊语无论作为书面语还是口语，都是帝国通用的语言。随着反对崇拜偶像者和崇拜偶像者，即圣像破坏者和圣像崇拜者之间猛烈、持久的争论的消除，宗教的同一性也得到进一步的促进。解决争端的折中办法是禁止宗教雕塑，但允许宗教绘画，这一点至今仍是东正教宗教生活的一个重要特征。

被再征服的克里特岛上的穆斯林的皈依以及巴尔干北部地区的斯拉夫人的皈依，也使拜占庭教会显得生机勃勃。865年，保加利亚大公鲍里斯为报答帝国对他的征服的承认，接受了君士坦丁堡的基督教。

总之，在这几个世纪中，由于同西方和伊斯兰世界逐步形成了一种适度的和平共处的关系，拜占庭是稳定、强大、富裕、自满和相当注重内部的。

但是，到了1025年，在“屠杀保加利亚人的刽子手”巴西耳去世后的半个世纪里，帝国便陷入困境，大约不到2个世纪后，即1204年，首都落入受人鄙视的西方蛮族手中。急剧倒退的一个原因是，主管各省的军事将领的反抗不断增长，破坏了帝国的军事体制。再加上帝国的收入减少，朝廷和外国雇佣军的开支上升，帕齐纳克人和塞尔柱突厥人的骑兵袭击，这些都使拜占庭帝国的经济严重失调。

后来，拜占庭帝国发生两大灾难，这两大灾难标志着拜占庭长达数世纪的衰落开始了。一个灾难发生于意大利南部的巴里，在那里，诺曼人占领了拜占庭唯一残存的一个据点。另一个灾难，也是更为决定性的失败，发生于小亚细亚的曼齐刻尔特，在那里，塞尔柱人在一重大战役中击败了拜占庭皇帝，这一战役使小亚细亚开始由希腊人的基地变成突厥人的根据地。接下来，在被称为“商人的东侵”的第四次十字军东征中，君士坦丁堡被瓜分，拜占庭帝国再次遭受重创。

▲拜占庭帝国国王的雕像

1453年，奥斯曼土耳其军队攻陷了君士坦丁堡，君士坦丁十一世帕里奥洛古斯和士兵们均战死沙场，拜占庭帝国最终成为奥斯曼土耳其铁蹄下的牺牲品。

哥特式建筑：天堂里的神宫

11 世纪下半叶，一种新式的建筑风格开始在法国兴起，这就是“哥特式”建筑。它在 13—15 世纪开始流行于欧洲，主要建筑物为天主教堂，也曾影响到世俗建筑。“哥特式”建筑以其高超的技术和艺术成就，在建筑史上占有重要地位。

其实，“哥特式”一词并非来源于斯堪的纳维亚的野蛮游牧部落名称哥特，因为他们并没有展示出这种高水平的艺术风格。据说，“哥特式”最早出现于意大利著名画家拉斐尔给教皇利奥十世的信中，指“野蛮”的意思。后来，便将凡是从阿尔卑斯山以北传来的东西都称为“哥特式”的。

当然，“哥特式”艺术与野蛮并无任何联系，它乃是“罗马式”艺术的更高发展，为中世纪天主教神学观念在艺术上的一种反映。

“哥特式”教堂的结构体系由石头的骨架券和飞扶壁组成。其基本单元是在一个正方形或矩形平面四角的柱子上做双圆心骨架尖券，四边和对角线上各一道，屋面石板架在券上，形成拱顶。采用这种方式，可以在不同跨度上作出矢高相同的券，拱顶重量轻，交线分明，减少了券脚的推力，简化了施工。

▼西班牙的布尔戈斯大教堂

飞扶壁由侧厅外面的柱墩发券，平衡中厅拱脚的侧推力。为了增加稳定性，常在柱墩上砌尖塔。由于采用了尖券、尖拱和飞扶壁，哥特式教堂的内部空间高旷、单纯、统一。装饰细部如华盖、壁龛等也都用尖券作主题，建筑风格与结构手法形成一个有机的整体。

最早的“哥特式”建筑是在 12 世纪上半叶的法国北部产生的。在 1140—1144 年年间，巴黎之北的圣丹尼修道院院长苏热尔组织了其修道院教堂唱诗坛的重建工作。他率先提出教堂建筑要表现光、高、数这 3 个理想。建筑师按此要求而试探在建堂中采用向高处延伸，增大窗户和改变比例的方法，其体现出的建筑风格乃哥特式艺术之首创。从此，这一风格在欧洲各地得到广泛采用。

▲哥特式的教堂中修女们吃饭前诵读经文是每天必做之事

法国哥特式教堂平面虽然是拉丁十字形，但横翼凸出很少。西面是正门入口，东头环殿内有环廊，许多小礼拜室成放射状排列。教堂内部特别是中厅高耸，有大片彩色玻璃。其外观上的显著特点是有许多大大小小的尖塔和尖顶，西边高大的钟楼上有的也砌尖顶。平面十字交叉处的屋顶上有一座很高的尖塔，扶壁和墙垛上也都有玲珑的尖顶，窗户细高，整个教堂向上的动势很强，雕刻极其丰富。1163 年，巴黎圣母院的建成成为法国哥特式建筑成熟的标志。

此外，建于 1220 年的亚眠大教堂，则可称得上是欧洲哥特式教堂的典范之作。亚眠主教堂是法国哥特式建筑盛期的代表作，长 137 米，宽 46 米，横翼凸出甚少，东端环殿成放射形布置 7 个小礼拜室。中厅宽 15 米，拱顶高达 43 米，中厅的拱间平面为长方形，每间用一个交叉拱顶，与侧厅拱顶对应。柱子不再是圆形，4 根细柱附在一根圆柱上，形成束柱。细柱与上边的券肋气势相连，增强向上的动势。教堂内部遍布彩色玻璃大窗，几乎看不到墙面。教堂外部雕饰精美，富丽堂皇。

法国盛期的著名教堂还有兰斯主教堂和沙特尔主教堂，它们与亚眠主教堂和博韦主

◀巴黎圣母院

教堂一起，被称为法国四大哥特式教堂，其中兰斯主教堂是法国最具代表性的哥特式建筑。

在雕刻艺术方面，“哥特式”雕刻艺术也有很高的成就。“哥特式”雕刻艺术主要表现为教堂门楣中心的浮雕群像以及门券里和立柱上的圣母、基督及圣徒立像。代表作品有巴黎圣母院正西面中门上的《最后审判》群雕和夏特大教堂正门的《众圣徒》圆柱体雕刻群像等，其特色是形体修长，姿态拘谨，以人物头部的前倾后仰、左顾右盼来表现动作。另外，哥特式人物雕刻还有注重衣饰刻画和线条间紧张感的特点，它们多采用圣母圣子形象造型。以“哥特式摆动”而闻名的法国阿维尼翁维勒夫教堂的《圣母子像》则利用象牙的弯曲度来把人像雕成扭动的姿态，给人一种呼之欲活、栩栩如生的感觉。

可是，英法百年战争期间，法国几乎没有建造教堂。一直到了战争结束后很长时间，“哥特式”建筑才渐渐复苏，这一时期因建筑风格宙棂形如火焰得名“火焰纹时期”。这种风格多出现在大教堂的加建或改建部分以及比较次要的新建教堂中。

在世俗建筑方面，“哥特式”建筑在结构和形式上与教堂有明显的区别。由于当时战争不断，城市的防卫性增强。所以，城堡一般多建于高地之上，石墙厚实，碉堡林立，外形森严。可是，城墙限制了城市的发展，多层的市民住所紧贴狭窄的街道两旁，山墙面街。一些商铺通常是建成两层小楼，一层通常作为作坊或店铺，二层开始出挑以扩大空间，作为住所使用。由于结构多是木框架，可以形成外露的漂亮图案，美观生动。而富人邸宅、市政厅、同业公会等则多用砖石建造，采用哥特式教堂的许多装饰手法。

“哥特式”建筑是建筑史上的一次重要的飞跃，它的出现使人们走出了古罗马建筑的阴影，为中世纪欧洲的建筑发展开辟了新的道路，也为后世的建筑工艺的发展提供了摹本。

▼教堂中的修士们抄写经著

宗教影响下的中世纪欧洲文学

在中世纪，由于天主教会成为欧洲毋庸置疑的统治力量，基督教神学逐步影响到包括文学、艺术、音乐等各个领域，以拉丁语写出的宗教文学成为中世纪欧洲文学的主流。但是，随着商业和贸易的复兴和市民阶层的诞生，近代的市民文学也渐渐发展起来，从而在中世纪形成了宗教文学和世俗文学共处的局面，它们共同构成这一时期文学发展的格局。

与市民文学相比，宗教文学如“八股文”一般死板、程式化和平庸，可是，在中世纪时期，基督教始终是社会中的最重要的因素，而宗教文学也为欧洲信仰的统一和价值的传承起到了重要的作用。

虽然中世纪欧洲宗教文学作品数量庞大且种类繁多，但高居首位的自然是《圣经》了。《圣经》一般以拉丁语（天主教会）和希腊语（东正教会）编成。分成《旧约》和《新约》两部分，统摄着中世纪欧洲的一切文化活动。《圣经》的版本众多，内容上往往也存在一定的差别。到了9世纪初，罗马教会编纂的“通俗拉丁文译本”圣经成为天主教的法定本《圣经》。后来，《圣经》又被译成多种语言，广为流传。

虽说大部分宗教文学都是将《圣经》进行扩充和添加，但是，也有一些著名的神学家，留下了具有丰富内涵的作品。其中最有名的当属圣奥古斯丁，他被认为是基督教的先哲之一，主要作品有自传性质的《忏悔录》和宗教著作《上帝之城》。这两部作品对于西方文学的发展起到了重要的引领作用。另一位著名神学家是圣托马斯·阿奎那。他的《神学大全》和《反异教大全》虽然是神学范畴，却有很多哲学上的深刻见地，在文学理论上也有一定贡献。

此外，宗教剧在中世纪宗教文学中也广为流行，在当时来说，这种做法可以有效地普及宗教知识、煽动宗教情绪，从而起到维护宗教的目的。而且，为了达到更好的宣传目的，

▲圣母马丽亚正在给耶稣进行洗礼的壁画

这些宗教剧大多摒弃拉丁文，转而采用各国的地方性语言，演出的地点也逐渐移至教堂之外的世俗社会。虽然宗教剧的内容乏善可陈，但是，它是欧洲近代戏剧的雏形，客观上促进了欧洲近代戏剧的发展。

在中世纪时期，人们的心中充满了对英雄的强烈崇拜，而且，随着骑士阶层的不断壮大，这种对英雄的崇拜日益深化，从而形成了一个独特的文学现象：英雄史诗和骑士文学的大量涌现。

由于许多国家和民族都出现了史诗作品，英雄史诗也达到了一个高度繁荣的时期。

此时的英雄史诗可以分为两类：

一类是反映蛮族各部落处于氏族社会末期的生活，这些民族尚未被封建化，也未受基督教影响，代表作包括日耳曼人的《希尔德布兰特之歌》、盎格鲁·萨克逊人的《贝奥武甫》以及冰岛的《埃达》和《萨迦》等。《希尔德布兰特之歌》是古代高地德语文学中最古老、最具价值的杰作，现存只有残稿两页，共68行。《贝奥武甫》则是迄今所知的最古老的英国叙事诗，全诗共3 182行，保留得相对完整。冰岛的英雄史诗《萨迦》和《埃达》是中世纪斯堪的纳维亚文学的代表之作，记录了北欧地区的神话故事和英雄传奇故事。但是，由于他们受到了天主教会的摧残，多数史诗被以异教罪焚毁了。

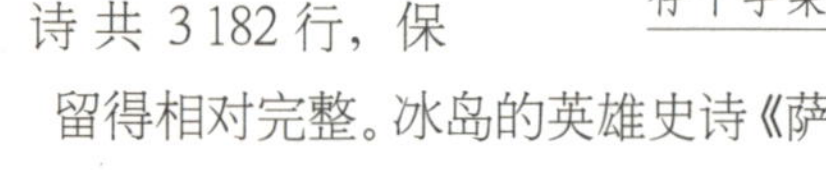

▲基督教用于保存十字架的圣物

另一类史诗仍然是以歌颂英雄为主，但受基督教的影响，这些史诗往往表现为反对异教徒的斗争中的英雄。代表作包括《罗兰之歌》、西班牙的《熙德之歌》、德国的《尼伯龙根之歌》和古罗斯的《伊戈尔远征记》等，《罗兰之歌》是这类史诗的代表作，问世于12世纪，全书以盎格鲁·诺曼底方言写成，以十字军东征为背景，是一个典型的表现爱国忠君主题的故事。这部史诗也被视为欧洲封建社会理想英雄的

▲由于宗教观念，基督教将很多不符合教义的非宗教类书籍都焚烧了

象征。

伴随着骑士制度的飞速发展，反映这一制度的作品，也是中世纪欧洲特有的文学现象——骑士文学产生了。骑士要求遵守的“忠君、护教、行侠”信条，要在为封建主和“心仪的贵妇人”的冒险和效劳中获得功名，还要学习礼仪、诗歌、音乐等。骑士要把荣誉看得高过一切。这一切均在骑士文学中得到了体现。主要作品有早期的《亚历山大传奇》《特洛伊传奇》《埃涅阿斯传奇》等和中后期的《亚瑟王之死》《奥迦生和尼哥雷特》《阿马迪斯·德·高拉》等。

▲弗朗索瓦·维庸的《歌集》中的插图

中世纪骑士文学对后世的影响非常深远。在19世纪浪漫主义文学盛行时期，很多诗人作家都从中汲取养分。尽管骑士文学中包含了种种宗教和封建礼法的因素，但曲折离奇的故事情节、神话般的浪漫情愫仍使得这些文学作品本身对后世的西方文学产生了深远的影响。

与宗教文学并行发展的就是城市文学，它是西欧社会发展的产物。这些市民文学多为民间创作，它用讽刺的表现手法、朴素生动的语言，表达了市民强烈的现实性和乐观精神，它也反映了萌芽状态的资产阶级精神特征。主要代表作品有弗朗索瓦·维庸的《歌集》和《遗言集》、威廉·兰格伦的长诗《农夫皮尔斯》、杰弗里·乔叟《公爵夫人书》《声誉之宫》《百鸟议会》等。此外，市民喜剧也得到了飞速的发展，发展成为独白剧、道德剧、傻子剧和笑剧四种体裁。主要代表作品有著名的剧作包括比埃尔·格兰高尔（1475—1538）的《傻王的把戏》和笑剧《巴特兰律师的笑剧》等。

15世纪后半期，西班牙戏剧达到了比欧洲其他国家都要成熟发达的水平，代表人物包括胡安·德尔·恩西纳和费尔南多·德尔·罗哈斯等。前者的成就主要体现在将中世纪简陋的宗教剧转变成具有文艺复兴特点的情节复杂的戏剧，而后者的代表作是《塞莱斯蒂娜》。

这种状况一直持续到文艺复兴时期的来临前，之后，描写宗教类的文学开始走向衰落，而这些符合时代发展潮流的作品，越来越受到人们的喜爱，它们还被译成多个国家的文字，广为流传。

世纪之战——英法百年战争

从14世纪40年代至15世纪50年代，英法两国发生了旷日持久的战争，这场战争从1337年开始到1453年结束，持续了100多年，历史上把这场战争称为英法百年战争。

百年战争的导火索有两个：一是由法国王位的继承问题引起的。1328年查理四世死后，卡佩王朝家族男嗣断绝，英王爱德华三世要求以法王菲力普四世外孙的资格继承法国王位，但是，法国以《萨利克法典》规定女子无王位继承权为由，拒绝了爱德华三世的要求，英王心有不甘，坚持要求继承法国王位；另一个是英国通过联姻和继承关系，占有了大量的法国领地，这在同样梦想称霸欧洲的法国看来，简直就是耻辱，一直寻求机会收复这些领地。14世纪初，随着英法之间的矛盾越来越尖锐，终于引发了英法百年战争。

战争开始以后，法国军队连连失利，大片土地被英军占领。弓箭成了英军的秘密武器。这种弓箭名叫“大弓”，射程远、射速快、精度高，能在200米的距离内射杀身披铠甲的骑士。爱德华三世指挥军队，故意放慢进攻速度，引诱法军来攻，等法国铁骑来到大弓射程内时，他下令发射利箭，大批的法国骑兵倒下。英国人很快控制了战争的主动权，并占领了法国的门户诺曼底。

1346年，梦想占据整个法国的爱德华三世再次亲率弓箭部队在诺曼底登陆，并于7月占领了法国的卡昂，接着奔袭法国首都巴黎。并在长达11个月的围攻之后占领了海岸要塞加来港（1347）。正当爱德华三世踌躇满志地准备对法国发动更大规模的进攻时，一场突如其来的瘟疫打乱了他的如意算盘。进入加莱城时，不少英军染上了黑死病病毒。黑死病不但导致英军大量死亡，而且导致英国的人口锐减，由黑死病流行前的400多万人降到疾病过后的250万人左右。更可怕的是，黑死病给英国人带来了心理上的极大恐惧，人们惶惶不可终日。在这种情况下，爱德华三世再也无力顾及同法国的争斗，只好于1360年同法国签订《布勒丁尼和约》，宣布放弃对法国王位的要求。

此后，两国休战将近十年（1347—1355）。后来，法国又被迫于1360年在布勒丁尼签订条件极为苛刻的和约——从卢瓦尔河以南至比利牛斯的领土割让给英国。

▼英军和法军在战场上战斗的情形

▼“英法百年战争”中，英军在布雷斯特攻城战中使用云梯和射石炮进行攻击

▲“圣女”贞德

1364年，法王查理五世上台。他征召大量雇佣步兵取代连战连败的骑士部队，并建立了野战炮兵和新的舰队。趁着英国黑死病大流行的机会，从1368年开始，查理五世开始逐步收复法国的大片失地。由于此时的英国仍陷入瘟疫之中，无力反扑，被迫与法国在1396年签订了20年停战协定，还放弃了一些既得的利益。

1413年，英王亨利四世的儿子亨利五世上台。上台不久，亨利五世就重新点燃了百年战争的战火。1415年，英军在阿赞库尔战役中击败法军，并在与其结盟的勃艮第公爵的援助下占领法国北部，从而迫使法国于1420年5月21日在特鲁瓦签订丧权辱国的和约。按照和约条款规定，法国沦为英法联合王国的一部分。英王亨利五世宣布自己为法国摄政王，并有权在法王查理六世死后继承法国王位。

由于捐税和赔款沉重地压在英占区居民身上。对法国来说，此时争夺王位的战争已转变为民族解放战争。在奥尔良，英军已经把这座城池围困了达209天之久，在贞德的带领下，人们拼死保卫自己的国家，终于取得了奥尔良战役的胜利。这场战争的胜利，成为彻底扭转法国在整个战争中的危难局面的关键。从此，战争朝着有利于法国的方向发展了。接着，贞德又率军收复了许多北方领土，并在兰斯大教堂举行了查理七世的加冕礼。但是，宫廷贵族们害怕贞德的影响扩大对自己不利，便蓄意谋害贞德。1430年，在康边城附近的战斗中，由于英军猛烈地攻击，当贞德及其部队向城中撤退时，这些封建主把她关在城外，最后以4万法郎将她卖给了英国人。但是，贞德宁死不屈，她说：“为了法兰西，我视死如归！”1431年5月29日，贞德备受酷刑之后在卢昂城下被活活烧死，她的骨灰被投到塞纳河中。死时，贞德还不满20岁。但是，贞德之死非但没有使法国人民屈服，反而激起了法国人民极大的义愤和高度的爱国热情。在贞德精神的鼓舞下，1437年法军攻下巴黎，1441年收复香槟，1450年夺回曼恩和诺曼底，1453年又收复吉耶讷。1453年10月19日，英军在波尔多投降。至此，长达100多年的英法战争终于结束了。

英法百年战争给法国人民带来了深重的灾难，但也促进了法国民族的觉醒，完成了祖国的统一。战争也表明，重骑兵落后了，步兵和弓箭兵的作用得到了提高，促进了西欧军队的革新和发展，这场旷日持久的战争在军事史上占有重要的地位。

▶描写贞德率军出征的壁画

黑死病：中世纪欧洲的死亡之神

▲古希腊时期的雅典城图

在中世纪，曾经暴发了一场全球性的灾难，它导致了全球数以亿计的人死亡。至今欧洲人说起它还谈虎色变，这就是鼠疫，又称为“黑死病”。

当人们被传染上鼠疫后，皮肤上会出现许多黑斑，而且，在腹股沟或是在胳肢窝下肿起一个瘤来，并愈长愈大，随后在身体的各部分都会出现黑斑或紫斑。因为病人死后尸体呈现出紫黑色，所以这种特殊瘟疫就被人们称作“黑死病”。

1346 年，黑死病传到俄罗斯南部的克里米亚半岛。1347 年 10 月，带有黑死病菌的老鼠藏匿在热拉亚人的船上，从克里米亚半岛来到西西里岛东北的墨西拿港，该岛很快就布满了瘟疫。1348 年 1 月，黑死病侵袭威尼斯和热拉亚两个港城，然后蔓延至整个意大利。佛罗伦萨受灾最重，城里的 95 000 人死掉了 55 000 人。法国当局赶忙驱逐了一艘带有黑死病人的游艇，但为时已晚，鼠疫已经在马赛登陆，并由此而进入西班牙。1348 年底，英格兰南部也受到侵害。1 年以后，从爱尔兰、挪威到维尔茨堡（今德国中南部城市、维也纳）的广大地区都变成了黑死病流行区域。但灾难并未就此结束，它无情地扫荡了德国北部和斯堪的纳维亚半岛后，于1532 年“进军”俄罗斯西部。

由于黑死病的肆虐，很多人因此而死去，致使城乡劳动力锐减、物价上涨、剥削加重、阶级矛盾激化、社会动荡，因此对欧洲的历史产生了重大影响。而侥幸保住性命的人，被黑死病吓得魂魄俱丧。为了避开传染源，许多人抛弃了手中的工作，寻找与世隔绝之地。于是，大批官吏和神职人员为躲避灾难而将责任抛到脑后，放弃职守现象大量产生。整个村庄被废弃，农田荒芜，粮食生产下降。紧随着黑死病而来的，便是欧洲许多地区发生了饥荒。

为什么会出现大规模的“黑死病”呢？中世纪欧洲人认为，14世纪欧洲鼠疫大规模流行的原因是由于亚洲黑鼠在十字军东征后不久入侵了欧洲，赶跑了欧洲褐鼠，进而侵入了欧洲人的生活和谷仓，为东方人报仇。

但是，这种说法缺乏事实根据。根据研究发现，早在公元前430年时，雅典便发生过黑死病，导致城里1/3的人口死亡。那次瘟疫大概源于埃塞俄比亚，经埃及传入雅典。公元2世纪和3世纪，罗马帝国也曾多次发生过黑死病，尤其是在罗马皇帝马可奥勒略统治时期，持续时间竟长达15年之久。由此看来，欧洲很早就已经发生过“黑死病”了，所以说“黑死病”是从亚洲传至欧洲的说法是不正确的。

根据研究发现，“黑死病”之所以会出现，主要与两个方面有关。

一是老鼠缺少天敌。因为中世纪欧洲的鼠疫泛滥的时候，老鼠的天敌——猫，正在遭受不公正的待遇。在当时，基督教对猫横加指责，他们认为猫和猫头鹰有极其相似的外表，猫在夜间令人毛骨悚然的鸣叫和闪烁凶光的眼睛，正是魔鬼“撒旦”的化身，或是造祸女妖的帮凶，是与魔鬼结盟的异教畜生。于是，在教会蛊惑下，人们纷纷把猫看成是魔鬼的化身，会随时给人带来灾难。从此，猫的地位急转直下，变为邪恶的代表、不祥的动物，受到人们的鄙视，甚至杀戮。从而使中世纪欧洲猫的数量急剧下降，甚至濒临灭绝的边缘。

▼古代青铜制作的猫

二是卫生状况引起的。虽然欧洲城市的官员们已比较注意城市卫生，但做得还远远不够。无论是在伦敦、巴黎还是在罗马，狭窄的街道到处都是淤泥、垃圾和粪便，动物尸体随处可见。拥挤的房屋里空气流通不畅，光线也不足。贵族之家尚且多人住在一个房间，中产阶级和穷人七八个人挤在一张床上也就不足为奇了。有的家庭甚至连床都没有，大多数房子是用木头和黏土修成的，当然无法把老鼠挡在门外。而且，人们很少洗澡，皮肤感染常见，痢疾和感冒等疾病降低了人们的抵抗力和免疫力，无论是农夫还是贵族的身上，都成了虱子和跳蚤的安身之所。

在这两个方面的共同影响下，中世纪欧洲才暴发了夺去那么多人生命的死亡之神——“黑死病”。

既然中世纪欧洲暴发的“黑死病”的病因已经找出来了，那这种病到底是怎么一回事呢？为什么会造成如此大的伤害呢?

“黑死病”，医学上称做腺鼠疫、腹股沟淋巴结鼠疫，简称鼠疫。1894 年，法国细菌学家耶尔森和日本细菌学家柴三郎同时找到了引起黑死病的细菌。人们为了纪念法国微生物学家巴斯德，将其命名为巴斯德氏鼠疫菌。也有人按照耶尔森的名字将这种细菌称为耶尔森氏鼠疫杆菌。这种细菌喜欢生活在动物血液里和跳蚤胃里。而跳蚤又寄生在啮齿动物毛发间，通常是寄生在东游西窜的老鼠身上，有时也寄生在松鼠身上，所以极容易传播。

黑死病原本是“野生的”，它长期存在于 200 多种野生啮齿类动物身体内，被称为森林鼠疫。北美西部、南美南部、非洲南部、中东、中亚都有带黑死病的啮齿类动物，所以被称为黑死病的储藏所。

科学家曾做过一个试验：将关在笼子里的老鼠悬吊起来，使其与笼子底部那些带黑死病菌的跳蚤保持 10 厘米以上的距离，老鼠就不会被传染上黑死病；如果距离不足 10 厘米，老鼠就会被传染上黑死病。原因很简单，跳蚤的弹跳高度仅仅是 10 厘米。

据说，中世纪欧洲人由于“黑死病”的“恩惠”，体内存在了抗艾滋病的基因，并形成了永久性的遗传，使得有 10% 的欧洲人具有这种基因，是真是假？这恐怕还需科学的进一步证明。

▲由于黑死病的流行，医生们都戴面具治疗，以防自己被传染

▼表现“黑死病”严重威胁人们生命安全的壁画

引领社会变革的文艺复兴运动

文艺复兴是14—16世纪反映西欧各国正在形成中的资产阶级要求的思想、文化运动。其主要中心最初在意大利，16世纪扩及德意志、尼德兰、英国、法国和西班牙等地。

“文艺复兴”的概念在14—16世纪时已被意大利的人文主义作家和学者所使用。该词源自意大利文“Rinascita”，一般多写为法文“Renaissance”。它概括了乔托以来的文艺活动的特点，被世界各国沿用至今。文艺复兴主要表现在科学、文学和艺术的普遍高涨，但因各国的社会经济和历史条件不同，在各国带有各自的特征。

▲但丁

意大利

13世纪末14世纪初，意大利产生了早期资本主义萌芽，但是，各地的政治、经济发展极为不平衡。再加上贵族被剥夺参政权，广大工人处于无权地位，人们都在强烈寻求改变。在这种背景下的佛罗伦萨，首先成为意大利乃至整个欧洲的文艺复兴发源地和最大中心。

早期意大利文艺复兴的代表人物是佛罗伦萨的诗人但丁（1265—1321）和画家乔托。但丁的不朽名作《神曲》（1313年完成）以恢宏的篇章描写诗人在地狱、净界和天堂的幻游，虽然仍以基督教的宗教观念为依归，文艺复兴的新思想却是其精华与主流。但丁标志着封建的中世纪的终结和近代资本主义

▼“鲜花之城”佛罗伦萨

▼《神曲》中的一幅插图

纪元的开端，是中世纪的最后一位诗人，同时又是近代的最初一位诗人。乔托在艺术上的开创之功和但丁相当。他的壁画虽然以宗教题材为主，却力求表现真实生动的人物形象和丰富多彩的现实世界，一反中世纪宗教艺术的抽象与空洞，从而传达了新的时代精神。在他们之后，佛罗伦萨的文艺复兴蓬勃发展起来。

14 世纪后半期，出现了两名新文化的代表人物：彼特拉克和薄伽丘。彼特拉克诗文并茂，热心提倡古典学术的研究，被称为“人文主义之父”。薄伽丘的名作《十日谈》以诙谐生动的语言讽刺教会贵族，赞扬人民群众，是欧洲文学史上第一部现实主义巨著。

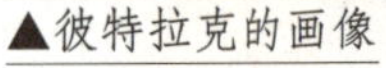
▲彼特拉克的画像

15 世纪，人文主义在意大利蓬勃发展，出现了“言必称古典”的局面。许多学者、诗人搜求古籍成风。随着对古典文化的学习，人文主义思想也日益发展，深入人心。当时的先进人士以所谓“全面发展的人”作为理想，蔑视宗教禁欲主义和封建门第观念，力求成为学识渊博、多才多艺的人。封建教会对文化的垄断钳制被打破了，文化领域百花竞放，为新兴的资本主义经济、政治开拓了道路。这一时期文艺复兴的代表人物有人文主义者布鲁尼和瓦拉，建筑家布鲁内莱斯基和数学家阿尔贝蒂，雕刻家多那泰洛、画家马萨乔和 S. 波提切利。

▲著名画家拉斐尔的《雅典学派》

▼薄伽丘雕像

16 世纪，意大利文艺复兴达到了最繁荣的时期。这一时期产生了三位伟大的艺术家：列奥纳多 · 达 · 芬奇、米开朗琪罗和拉斐尔。达 · 芬奇既是艺术家，又是科学家，为当时“全面发展的人”的完美典型。他的艺术水平在体现人文主义思想和掌握现实主义手法上都达到新的高度，从而塑造了一系

▲达·芬奇最著名的油画《蒙娜丽莎》

▲文艺复兴时期意大利著名的画家波提切利所作的《帕拉斯与肯陶洛斯》

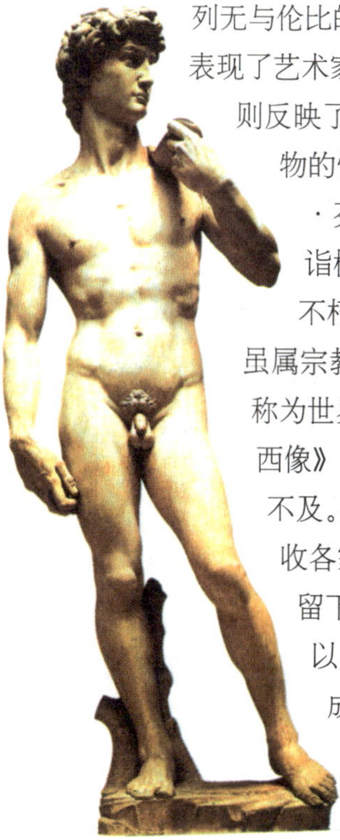

列无与伦比的艺术形象。肖像画《蒙娜丽莎》被誉为世界美术杰作之冠，表现了艺术家对女性美和人的丰富精神生活的赞赏；壁画《最后的晚餐》则反映了艺术家创造典型人物和戏剧性场面的能力，深刻描绘了人物的性格，布局严谨又富于变化，为后人学习的典范，因此，达·芬奇也被誉为许多现代文明的先驱。米开朗琪罗是艺术上造诣极高的大师，在建筑、雕刻、绘画、诗歌等方面都留有很多不朽杰作。他创作的罗马梵蒂冈西斯廷礼拜堂的巨幅屋顶壁画，虽属宗教题材，却塑造了充满热情奔放、力量无穷的英雄形象，被称为世界上最宏伟的艺术作品。他的许多雕塑，例如《大卫像》、《摩西像》和《垂死的奴隶》等，在技艺上较希腊古典名作有过之而无不及。拉斐尔则是卓越的画家，被后世尊为“画圣”。他善于吸收各家之长，加以自己的创造，在艺术的秀美、典雅方面大放异彩，留下了许多第一流的杰作如《花园中的圣母》、《西斯廷圣母》以及梵蒂冈教皇宫中的许多壁画，尤其是《雅典学派》的艺术成就最高。

◀米开朗琪罗的成名之作《大卫像》

法国文艺复兴

法国的文艺复兴开始于15世纪末，繁荣于16世纪。15世纪下半叶，法国已有不少人开始注意对古典文化的研究，16世纪初出现了布戴·戴塔普尔·皮埃尔等法国第一代人文主义者，他们致力于古典作品的研究、考订、整理和编辑工作。在绘画、雕刻以及建筑等艺术领域中意大利对法国的影响几乎占据了支配地位。但在文学、思想领域则是在法国的民族传统文化基础上吸收了外来文化，形成了法国自己的人文主义文化。

拉伯雷是文艺复兴时期法国最杰出的人文主义作家之一。他出生于律师家庭，原来以行医为业，16世纪30年代开始转向文学创作。他通晓医学、天文、地理、数学、哲学、神学、音乐、植物、建筑、法律、教育等多种学科并精通希腊文、拉丁文、希伯来文等多种文字，堪称“人文主义巨人”。长篇小说《巨人传》是拉伯雷的代表作，《巨人传》共分五卷，取材于法国民间传说故事，它是一部人文主义杰作。拉伯雷用夸张手法讴歌了“人”的伟大，表现了人类的巨大力量，颂扬人性。拉伯雷在法国文学史和世界文学史上都占有重要地位，对后世作家具有很大影响。

七星诗社是7位人文主义作家的团体，其中以龙沙和杜·贝雷最为著名。在法国人文主义文化中拉伯雷代表了民主倾向，而七星诗社则代表了贵族倾向。1549年，杜·贝雷发表的《保卫和发扬法兰西语言》是七星诗社的宣言书。他们歧视劳动人民的语言，摒弃民间诗歌体裁，主张模仿希腊、罗马，反映出他们脱离人民的贵族倾向。但是他们对诗歌的发展还是有很大的推动作用的。

▼拉伯雷的长篇小说《巨人传》插图

到了法国文艺复兴后期，最著名的是人文主义者蒙台涅。他是贵族出身，曾任

▲“伟大的笑匠”拉伯雷

法院顾问，两度出任波尔多市长。后来厌倦了仕宦生活，幽居乡间，开始写作。蒙台涅的主要著作是三卷散文体的《随笔集》，由107篇长短不一的散文构成，内容五花八门，无所不包。怀疑主义是蒙台涅思想的一个重要内容，他怀疑的主要锋芒是指向基督教会和封建制度。蒙台涅的怀疑主义在当时也有助于打破对古典权威的崇拜，将科学和思想文化从古代作家的禁锢下解放出来，继续发展和进步。怀疑是科学和思想文化进步的先声。

在这一时期，另外一位著名的人文主义者是博丹，他是文艺复兴时期欧洲最著名的政治思想家之一，当过律师和检察官，担任过省议会的代表，后来又成为三级会议中的第三等级代表。1577年，博丹发表了《论共和国》一书，系统阐述了自己的政治思想。博丹关于国家主权的理论对法国和欧洲近代政治思想的发展产生过深远的影响。此外，博丹对史学思想的发展也做出了贡献，1566年他发表的《理解历史的方法》是西欧第一部比较详备的史学理论著作。

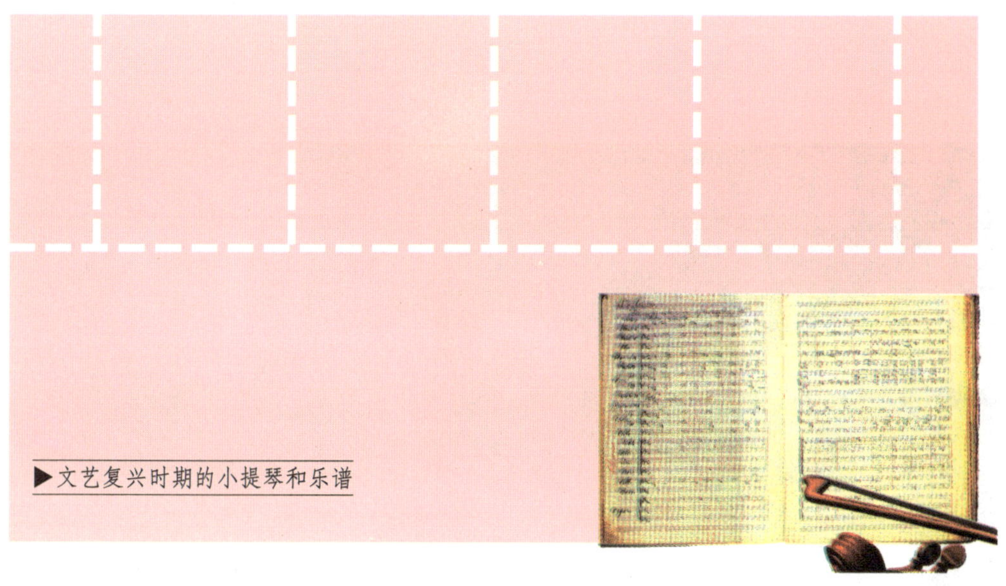
▶文艺复兴时期的小提琴和乐谱

德国文艺复兴

德国的文艺复兴运动开始于15世纪。它呈现的特点是：上半期以建筑为代表,雕刻和绘画占次要地位；到了中期后，绘画作为更敏锐、更方便的宣传手段，得到了迅速的发展，超越了建筑。在这个时期，建筑仍严守哥特式传统。绘画与哥特式传统还保持着联系，仍然沿用金色背景和平面装饰手法。由于哥特式建筑限制了壁画的发展，因而导致了祭坛画极为发达。当时在祭坛画中发生了引人注目的变化，就是出现了对世俗生活的现象和自然环境的描绘，画家的构图和形象塑造开始超越平面和装饰性，着力于空间感与物象体积感的探索与表现。

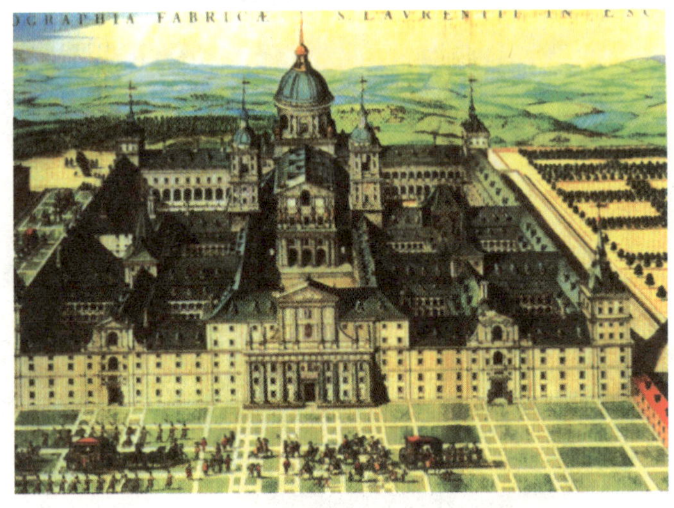

▲城市的繁荣为文艺复兴提供了必要的条件，文艺复兴反过来也促进了城市的发展

上帝主宰世界的时代，艺术中的形象只是某种教条观念的符号。自乔托开创了近代艺术以来，艺术家们都竭力追求人物的个性表现，达·芬奇首先在《最后的晚餐》中创造了13位与众不同的个性鲜明的艺术形象。个性的多样性被艺术家们意识到了，个别的、单一的事物被承认并在艺术作品中被表现出来了。如果说是意大利人开创了艺术中人物

▼《最后的晚餐》

个性的表现，那么人物个性表现得最充分的应该是德国画家。

德国艺术最具个性化，在艺术创造中最重视情感的抒发，歌德认为德国的性格就是“情感就是一切”，在他们看来没有情感就没有艺术。所以德国的画家们对人物的个性具有敏锐而深刻的观察力和完美的表现力，他们观察男人和女人，追求内心的东西，着意于精神气质的描绘，在肖像画方面，德国人是大师。

德国文艺复兴人文主义美术，是在农民战争和宗教改革运动中发生、发展和繁荣起来的。在这个发展过程中，受到了先进的意大利文艺复兴文化科学的影响，到16世纪诞生了德国最伟大的美术家、可与意大利文艺复兴巨匠相媲美的艺术大师丢勒和荷尔拜因。

▲德国文艺复兴时期著名的油画家和版画家丢勒

▼丢勒晚年最负盛名的作品《四使徒》

欧洲文艺复兴的历史作用

中世纪欧洲的文艺复兴运动确实在思想界带来了一次大解放，它称得上是在意识形态领域内与中世纪的一场大决裂。它首先打破了中世纪神学和其他外界权威对思想的牢牢束缚，不但抛弃了神的眼光而改用人的眼光，而且还用自己的眼光来观察人、社会和自然。

虽然这个时期的艺术家、文人学者都大力表现和发扬人文主义精神，认识和揭露天主教会和教皇的腐朽、罪恶，但由于他们受所处的时代的局限，还是乐于接受教皇及教会的保护，对教会势力抱和解的态度，人文主义者没有也不可能彻底地抛弃宗教；虽然大多数人文主义思想家提到了民主政治的思想，要求民主自由，但无论在思想解放程度、革命斗争精神还是政治要求方面，都具有早期的、不成熟的特色。其民主政治的理论都带有早期的不成熟的特点。但它冲破封建枷锁的开创性作用，是任何运动也不能替代的。

中世纪欧洲奇特的风俗

随着中世纪欧洲城市和城市意识形态的发展，西方社会在公民权利、国家权利等各个方面均有了不同程度的发展，形成了近代民主思想的雏形。正是由于意识形态的变化，在那个时期形成了婚姻和财产方面较为奇特而又较为现代的寡妇产。

据说，当新郎和新娘结婚时，新郎要在教堂门口当众宣布赠给新娘一笔财产（一般是指土地）。这也就是说，倘若丈夫先她而去，守寡的妻子可以以此作为生活的来源，享用终生，这就是寡妇产，也叫做遗孀产，其数量通常是亡夫财产的1/3。她可以独立地享用这份财产，并受到法律严格保护。可以说，这是中世纪欧洲乃至人类历史上妇女的一项难得的权益。

在早期的中世纪欧洲社会，妇女们的地位一直比较低下。已婚的妇女没有财产继承权，更没有独立的经济资源和法律地位，其人格完全为丈夫所控制。而类似嫁妆之类的财产，也一同编入丈夫的财产之列，丈夫支付的彩礼则归为女方家长所有，新娘根本得不到一点。5世纪末开始到9世纪，妇女的经济地位有了很大的提高，给新娘家人的财礼已部分或全部地演变为给新娘的赠礼，这说明了妇女的经济地位已经大大改善了。例如，日耳曼人婚姻中的财产让渡又出现了另一种重要的形式，那就是第二天早上新郎给新娘的礼物。根据文献记载，寡妇产的雏形在中世纪早期在各支日耳曼人中陆续形成，虽然各支日耳曼人的新郎给予新娘财产的比例不同，但实质基本相同，都承认新娘有一定的财产权利。

10世纪晚期和11世纪，这种新郎的赠礼逐渐转变为寡妇产，这份礼物无论是以易权的形式赠给妻子，还是给予所有权的形式，都在结婚那一天由新郎交给新娘，一般情况下，这份财产为一块指定土地。但是，妻子所得的寡妇产很少，而且只限于夫妻共同享用，而不单独归妻子所有。

▼行会中各行业的徽章

一直到13世纪末，在寡妇产的额度上才有所突破。根据规定，允许没有得到丈夫明确指定的寡妇产的寡妇，有权取得丈夫在婚姻存续期间的任何时候所取得的土地的1/3做寡妇产。后来，又形成了另外一种规定：未指定的寡妇产包括她在婚姻期间的任何时候由她的丈夫所占有的土地。这一规定一经确立，指定的寡妇产马上遭到废弃，未指定的寡妇产成为最为重要的一种寡妇产形式。以致发展到妻子可以在其丈夫去世后，拒绝领取其丈夫在结婚时指定给她的寡妇产，有权提出按照这个规定法赋予她的权利要求。

▲达·芬奇的《抱白貂的妇女》

虽然法律上规定了对寡妇的保护，可是，在寡妇产受保护的同时，还存在着寡妇的财产权利受到他人的欺骗、欺诈的情况。因为在寡妇的身边有各式各样的人都希望得到她的财产，而对寡妇产权构成威胁最大的就是她的丈夫，他常与他人串通起来进行欺诈，这些都源于法律赋予丈夫太大的财产控制权，从而为丈夫的舞弊行为提供了方便。

为了防止这种欺诈情况产生，法律逐渐完善关于妻子对这笔财产的控制权。12世纪晚期时，逐渐形成了这样一个规则：丈夫和妻子在国王法庭取得土地租契发生变更的地租成为一个法律程序，通过这个手续，妻子的土地就可以被转让，她的寡妇产权利就被排除了。1285年颁布的《威斯特敏斯特条例(Ⅱ)》进一步作出努力，以防止丈夫用串通的方式来让渡财产。而且，从13世纪末开始，妻子对让渡土地的“同意”都要经过法官的调查、核实。这样一来，有关寡妇产权的土地让渡纠纷案就明显下降了。

随着社会的发展，这种由丈夫生前指定性的寡妇产逐渐衰落下去了。到16、17世纪，由新娘的父母提供的陪嫁数量在上升，而寡妇产却在下降。这种现象的出现，表明了寡妇产在中世纪欧洲妇女生活中的地位的重要性已开始下降。到了后来，婚姻的财产安排协议规定，丈夫不但要给予妻子零花钱，而且，越来越把属于妻子本人的财产置于她自己的控制之下。这样，持续了很长时间的寡妇产，逐渐地被近代新的妇女财产占有方式所取代了。

第四章

玛雅：
丛林中的失落文明

中美洲古老的玛雅文明一直为世人所瞩目。这个诞生于美洲大陆热带丛林中的文明之花，仅仅依靠古老的石制工具，便创造出如此灿烂的文明，它的神奇的确让人不可思议。于是，人们拨开丛林的掩盖，终于将这个神秘而富有传奇色彩的失落世界展现在我们面前！

丛林中失落的城市

▲在欧洲人到达玛雅的一个世纪后玛雅文明的断墙废址

玛雅文明诞生于公元前1000年，直到公元9世纪突然消失。玛雅文明的前古典时期的文明中心出现在危地马拉的太平洋沿岸和高原地带，其中蒂卡尔、帕连克和科潘是3座最宏伟的玛雅城市。玛雅文明在古典时期发展到巅峰，多座城市矗立在茂密的中美洲丛林之中。

“美洲虎之爪”王朝

公元292年，一位被称为“美洲虎之爪”的、强而有力的玛雅王在蒂卡尔开创王朝，建功立业，在位60～70年，为蒂卡尔日后称霸奠定了坚实的基础。此时玛雅的文明中心已从南部移到中部，蒂卡尔也就成了玛雅古典时期最大的城邦。此后的“蜷鼻王”、“暴风雨天王”将蒂卡尔推上了昌盛的巅峰，迎来了第一个盛世。在公元6世纪，由于受到来自墨西哥北部移民大迁徙浪潮的冲击，蒂卡尔发生了一场大的政治动荡，城市建设一度停歇。100多年后，蒂卡尔才重现生机。自7世纪末到整个8世纪，蒂卡尔再次名震四方，连续出现3个强大的国王：阿卡高王、雅克京王和奇坦王。现如今所看到的美轮美奂的蒂卡尔城，就建于这3个国王的太平盛世之时。

▼气势磅礴的乌希马尔“总督府”

在蒂卡尔的中心广场上，树立着几十块被学者称为“石碑仪仗”的纪念碑，它们排列整齐，记载着当时的自然现象、政治事件和重大的宗教仪式。蒂卡尔的许多建筑物都是以石灰岩筑成，这些宫殿和金字塔都以大方形地基为底，一些就建筑在原有建筑的顶上。

▲玛雅文明会以什么方式走向衰落？我们可以从废墟中发现些什么吗？

▲帕伦克是古典时代最美丽的玛雅城市

▲帕伦克曾经创造了伟大的文明

在蒂卡尔蓝宝石般明净的天空下，一座座拔地而起的金字塔刺破林莽的密网，在绚烂的热带阳光下遥遥相对，熠熠生辉。最引人注目的是一座像金字塔一样的神庙，外貌既惊又险，其外形有如欧洲的哥特式教堂般奇峭，因而有人称之为“丛林大教堂”。令人叹为观止的是金字塔斜度达70°的惊人设计，这些建筑物的陡直线条，在地平线上显得格外挺拔。玛雅祭司（通常是玛雅王）就是沿着这些陡峻得令人晕眩的石阶，一步步进入那金字塔顶端装饰着高耸“顶冠”的神庙，仿佛升入天际。在那儿，他们与众神沟通，获得超越世俗的力量，成为千千万万玛雅人心目中的世间之神。

内陆雨林城市

在玛雅文化的古典期都市中，欧洲人重新发现的一座内陆雨林城市，是位于墨西哥东部尤卡坦半岛的帕伦克。帕伦克坐落在崇山峻岭之中的一片丘陵上，背依马德莱山脉，面朝苍翠的墨西哥湾沿岸大平原。

帕伦克的中心广场众多秀美的神庙和屋宅，分布在广场以东的山麓林莽之中。除了东面的王宫和南面的碑铭金字塔，向西向北都敞开着，蓊蓊郁郁的热带丛林从广场边沿一直延伸到远方。蓝天白云下，那些玲珑秀巧的帕伦克建筑点缀在绿浪翻涌的热带丛林之中，敦实的方形石屋上高耸着无比富丽的镂空顶饰。帕伦克没有石碑雕刻，但它所有建筑物的外表都装饰着精美绝伦的灰泥雕塑和石灰石板浮雕，为此获得了“雕塑之城”的美名。温暖的石灰石与彩色的浮雕，使帕伦克在阳光下犹如镶嵌在热带浓荫中的一串多彩的宝石。帕伦克处处都留下了人文盛世的刻痕。最负盛名的“碑铭神殿”，矗立在一座有 9 层台阶的巨石金字塔的顶端，神殿有 5 个门，在其内一厅的三面墙壁上雕刻了 617 个象形文字，是最长的玛雅铭文之一，碑铭神殿由此而得名。

▲玛雅社会中的人群

“新世界的雅典”之城

位于尤卡坦半岛南端的科潘，也是玛雅人最大的城邦之一，以其精美的雕塑和建筑被称为“新世界的雅典”。公元 805 年左右，玛雅人突然离弃科潘城，科潘城随之变成一片废墟，留下一些古城建筑群。古城建筑群由中心广场、神庙、殿堂、天文台、宫堂、祭坛和球场等组成。一个用石块铺成的广场在两座神庙之间，广场中心有两座寺庙，其中一座神庙的台阶上有两个狮头人身像，嘴里含着一条蛇，一只手拿着一支火炬，另一只手握着几条蛇。另外一座神庙前有一尊巨大的“太阳神”石像，石像上雕有金星图案。在两座寺庙的墙上、门上都雕刻有人像、魔鬼等图案，并且在庙下有一条地下通道将两座庙连在一起。

▼五颜六色的灰泥雕塑镶嵌在帕伦克神殿上

在神庙遗址中，有一条 70 级的梯道，宽 10 米，用 2 500 多块方石砌成，直通山顶的祭坛。梯道两侧各刻有一条花斑巨蟒，蟒尾在山丘顶部。梯道的每块方砖上都刻着象形文字，每个象形文字的四周均有花纹装饰。据统计，该梯道共刻有 2 000 多个象形文字和符号，它是玛雅象形文字最长的铭刻，也是世界题铭学上少见的珍贵文物，由此被称为“象形文字梯道”，是玛雅人特有的一座具有纪念意义的建筑物。科潘是玛雅象形文字研究最发达、刻制最精细、字数最多的地区，它的纪念碑和建筑物上的象形文字符号书写是最美的。

玛雅人创造出了高度的城市文明，从这些古老城市遗留下来的规模巨大、功能完备的城市遗迹，就可以看出当时玛雅人高超的建筑水准和工程学技术水平。在玛雅历史中，这些伟大城市正在向人们讲述着建造城市的原因、讲述他们的感受以及他们对世界的看法。

源于信仰崇拜的艺术

玛雅文化的主要特点是在城市广场上建立了许多大型的石碑，石碑上雕刻有历朝历代的统治者形象。因为在公元 1 ~ 2 世纪时就出现了象形文字，所以石碑上也就有了记述统治者历史的文字。玛雅人还用象形文字创作了成千上万种书籍，大部分书籍被西班牙人付之一炬，留下的仅有《奇兰·巴兰》、《波波尔·乌》、《卡奇克尔年鉴》和《拉比纳尔的武士》。

▲这些玛雅象形文字的绘制方式类似图画

逃脱厄运的三部书

《奇兰·巴兰》意为“美洲豹的预言”，是玛雅人的历史文献。奇兰·巴兰是负责记载历史的祭司。祭司们记录的历史保留至今的尚有三部，其中最完整的是楚玛耶尔的《奇兰·巴兰》，据估计，该书约完成于 16 世纪，它记录了玛雅人被征服前的历史。其他两部完成得较晚，内容也不完整。

《波波尔·乌》是玛雅人的古典诗，是一部有关基切民族的神话、传说和历史的巨著。主要表现了玛雅人对大自然、对人类命运的乐观态度。其中还包括创造世界、人类起源的神话传说，还有关于基切部落兴起的英雄故事和历代基切统治者的系谱等，记录内容一直延续到作者生活的年代。

▼玛雅人用象形文字记录成书

《卡奇克尔年鉴》是一部编年史，记述的是卡奇克尔人和基切人两个部落间时战时和的关系史。卡奇克尔和基切同为当年危地马拉一带强盛的部落。《拉比纳尔的武士》是一部历史剧，故事发生在 12 世纪左右，描写的是基切部落与拉比纳尔族之间发生的一场战争，基切人中的古马尔加部落和拉比纳尔部落间因争夺对萨马内赫部落的控制权所发生的一场冲突，最终是以拉比纳尔的武士胜利、基切武士牺牲作为故事结局。

玛雅文明的艺术瑰宝

▼出土于玛雅地区的羽神像杯

位于墨西哥恰帕斯州博南帕克的一座玛雅神庙内的壁画，是中美洲玛雅文明最重要的遗迹，也是幸存下来的玛雅艺术品。壁画制作年代约在公元6—8世纪，属于玛雅文明古典兴起的繁盛阶段。壁画保存较好，充分显示出玛雅壁画艺术的高超水平。画中人物众多、千姿百态、各具情态、栩栩如生，动作表情生动。色彩艳丽，笔法稳健，富有现实主义的表现力，内容分别表现贵族仪仗、战争与凯旋、庆祝游行和舞蹈等。壁画上的羽蛇头像、玛雅祭司所持双头棍上的蛇头雕刻也接近龙头的造型。这种绘画和雕刻技术显示出了古玛雅人已经具有了极高的艺术水平，不愧为玛雅文明的艺术瑰宝。

▲花岗岩上雕出的巨大人头像

生活在墨西哥东海岸附近的奥尔梅克人是大约公元前1300年的中美洲最早文明化的民族，创造了奥尔梅克文化，代表性遗迹是以农耕为基础的神殿文化。奥尔梅克人是技艺精湛的画家和雕塑家。他们制作的陶器和石器造型独特，做工精美，在幸存的艺术品中，最让人印象深刻的是那些大小各异的石刻和玉雕人像。

巨大的“国”字脸形头像

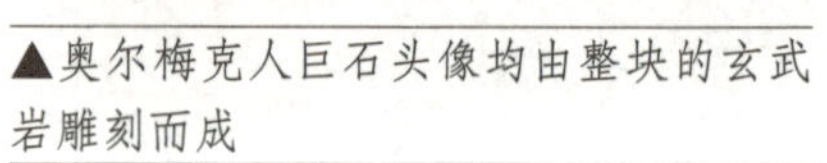

▲奥尔梅克人巨石头像均由整块的玄武岩雕刻而成

提到石刻，奥尔梅克人的巨石头像最具代表性。特雷斯·萨波特斯、拉文塔和圣罗伦索是巨石头像最集中的3个地方。多数头像的高度都在1.5～2.85米，最高的一座为3.4米，重量大多在8～13吨*，最重的达到了30多吨。这些头像都是以成年男性为模特

* 吨为非法定计量单位，1吨=1000千克。

儿雕刻的，它们具有奥尔梅克人的典型特征。比如，都有一张方方正正的“国”字形的脸，显得有些肥胖，面部肌肉略有一些松弛下垂，双目圆睁，鼻子宽扁，嘴唇肥厚，表情显得极为严肃。雕像的头上都戴有一顶类似头盔的帽子，有的耳朵上还配有耳饰。从雕刻的风格上看，它们都是写实性的作品，造型相当逼真，细节处理也极为生动。

它们不仅体积巨大，而且栩栩如生，尤其令人震撼的是，这些雕像所用的石头均来自很远的地方，而在当时没有先进机械设备的情况下，奥尔梅克人却把沉重的玄武岩石块从40里外的火山区拖到圣洛伦索，还把巨大的石头打磨成了高高的石头头像，其中的力量与智慧实在不容小视。

▲表现奥尔梅克统治者的巨大头像，是奥尔梅克最有特色的艺术形式之一

有些人认为，这些有巨石头像的地方是当年奥尔梅克人的礼仪中心，人头像是他们领袖的雕像；也有人认为，这些石头像表示在神圣的球赛中被砍下的败方队员的头颅，头上的盔，可能是球员们玩球时保护头部用的器具。此外，还有一块石碑，上面有一个不同寻常的人面浮雕，他那一对睁大的椭圆形眼睛，嘴角下沉的大嘴，据说这是奥尔梅克人的谷神。

同大多数史前艺术遗迹一样，玛雅艺术的建立与美的感受关系甚少，而与信仰有着最直接的联系。玛雅文化中幸存的艺术品已被所有其他文化所仰视，玛雅文化在艺术方面所取得的成就，也已经成为整个美洲艺术文化的代表。

▲罕见的无头盘腿而坐的石像

登峰造极的建筑

▲夕阳下的乌希马尔古城与术士金字塔

在玛雅早期阶段，中部低地的文化特色广泛体现在大型石料建筑物（如金字塔和城市的卫城）、大型石铺广场和堤道，在艺术和装修上。玛雅文明诞生了巧夺天工的技艺和概念，以潜浮雕和墙面油画的方式表现。玛雅城中的布局呈清晰的格状，但在发展上没有任何规划的痕迹，宫殿和庙宇一次次被推倒又被重建，每个世纪循环不止。

伟大的工匠之作

美洲最有特色的神庙形式在奥尔梅克文明时期已经出现，建筑物均为泥垒土砌而成，就连祭祀中心的底座高台也是土垒的。拉文塔的祭祀台就矗立在一个高大的土台上，呈圆形，高 30 米，底座直径 128 米，坐落在一广场南端，用土 10 万立方米，面积为 5 平方公里，在约莫 10 层楼高的塔状高台顶端雄踞着一座壮丽的神殿，远观之，整个建筑看起来像座金字塔。这一建筑风格后来也为玛雅人和阿兹特克人所继承。

他们在建筑上的高度智慧主要集中体现在墨西哥西南部的美洲古文化遗址地区——奇琴·伊察古城。托尔特克人在雕刻、建筑、绘画等方面具有极其辉煌的成就，因而有“伟大的工匠”之称。奇琴·伊察古城中属于“古奇钦”的建筑物有“三座门殿”“四座门殿”“红房”“鹿房”等。这些建筑的规模虽然较小，但结构很完备：一般庙殿都有门廊和内殿，有壁龛、壁画，或者羽神偶像。其中最重要的是横在两个人像石柱上面的石门楣的铭刻，

▼玛雅城市土木工事和护城河的建造

▼规模庞大的奇琴·伊察古建筑群石雕一瞥

▲玛雅人的绘图艺术

它确切地表明这座建筑的纪年是公元980年。建筑群还包括“总督府”“修女宫”“勇士庙”“虎庙”及庞大的金字塔。这些建筑物的外墙、门框、石楣上都布满了精雕细凿的羽蛇浮雕，其用料之细、形象之华美和匀称堪称一杰。

奇琴·伊察的中心建筑是一座耸立于热带丛林空地中的巨大金字塔，名为库库尔坎金字塔。“库库尔坎”是玛雅语，意为“羽蛇风神”。库库尔坎金字塔超过了蒂卡尔和其他城市的金字塔。这座金字塔的设计数据都具有天文学上的意义，是为适应宗教和农业的需要，经过精密的设计和计算建造的。

布局合理的奇琴·伊察

库库尔坎金字塔塔底呈正方形，由下而上层层堆叠而又逐渐缩小，高30米，塔身分9层，四周各有91层宽阔的石阶。它的阶梯朝着正北、正南、正东和正西方向，底边与塔高之比，恰好为圆周率的一半，塔的高度为地球周长的二十七万分之一，也是地球到太阳距离的一万亿分之一。四周台阶总和为364级，若把塔顶神庙算一级的话，共365级，代表一年的天数。金字塔北面塔基下有一条通向塔里面的通道，通道狭小。塔内是一个更加陡峭的台阶，共有61级，顶端有一个神庙，里面有只美洲豹的石头雕像，眼珠是用玉石镶嵌的。台阶和阶梯平台的数目分别代表了一年的天数和月数。52块有雕刻图案的石板象征着玛雅日历中52年为一轮回年，这些定位显然是经过精心考虑的。

玛雅金字塔与几乎全是方基尖顶形的埃及金字塔并不完全一样。埃及金字塔形状几

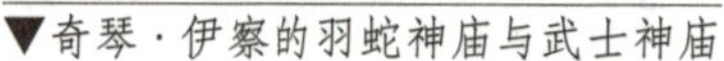

▼奇琴·伊察的羽蛇神庙与武士神庙

▲库库尔坎（即带羽毛的蛇）

乎完全一样，而玛雅金字塔的每个侧面不是三角形，而是梯形，它的下部为阶梯，上部是平台，平台上通常还建有庙宇。玛雅人把他们的金字塔建成各种风格的变体，建筑工程达到古代世界高度水平，能对坚硬的石料进行雕镂加工。建筑以布局严谨、结构宏伟著称，其金字塔式台庙内以废弃物和土堆成，外铺石板或土坯，设有石砌梯道通往塔顶。有的甚至有60°左右的陡斜的坡度，从塔脚下向上望去，塔身高耸入云，十分威严神圣。玛雅祭司和献祭者就是沿着几百级甚至上千级的台阶，一步一步登上金字塔顶，这给金字塔下的人造成了通天的感觉。

富有信仰、图腾的景致

玛雅人在库库尔坎神庙朝北的台阶上，精心雕刻了一条带羽毛的蛇头，高1.43米，长1.87米，宽1.07米，蛇头张口吐舌，形象逼真，蛇身却藏在阶梯的断面上。每逢春分和秋分两天的下午3点钟，西边的太阳把边墙的棱角光影投射在北石阶的边墙上，北墙的光照部分，棱角渐次分明，形成7个等腰三角形，那些笔直的线条也从上到下，交织成弯弯曲曲的形状，犹如波浪状，看上去起起伏伏，与蛇头相连，仿佛一条飞动的巨蟒，逶迤游走，从塔顶向大地爬行。

在金字塔南北两面幽深的树林里，也就是奇琴·伊察南北向的轴线上有两眼直径60米的天然大水井，玛雅人将其中南水井作为饮水和灌溉农田之用，北水井则是玛雅人祭神用的，奉为“圣井”，用来祭雨神。传说每逢旱灾之年，玛雅人便在祭司带领下前往圣井，祈求井底诸神息怒，献上丰盛的祭品，甚至包括活生生的美丽少女。

在库库尔坎金字塔的东面有一座气势恢宏的庙宇建立在4层基座上，被称为“勇士庙”，该庙建于公元11世纪，以内部占地广阔著称。“勇士庙”的入

▼玛雅人依照自己的历法修建起的金字塔

▲奇琴·伊察的“圣井”

口处是一个用巨大石头雕成的仰卧人形象，古玛雅人称它“恰克莫尔”神像，它的后面是两个张着大嘴的羽蛇神。“勇士庙”刻有极其丰富的浮雕装饰。大门上有两根纤细的蛇形柱，蛇头雕刻精美，两边墙面雕有龙头蛇身图案浮雕，梯道两边的顶端立有武士小雕像。穹隆形的石房顶用木楣支持，木楣则置放在石柱之上。现在，只有勇士庙前面和南面的那些方形或圆形的石柱仍然留存，也就是有名的“千柱群”，这些石柱过去曾支撑着巨大的宫殿。

超越时空的历法建筑群在库库尔坎金字塔南面是代表玛雅文明的最古老的圆形建筑物——奇琴·伊察天文观象台，高22.5米。观测台所位于平坦的台座上，台内有一座螺旋式楼梯直通塔顶的观测台，可由4个入口处计算测定夏至、冬至的太阳轨道以及月球由北往南倾斜的情形。上面的观测室，塔壁上开有精心设计的8个窗口，这些窗口对着各个星座，从上层北面窗口厚达3米的墙壁所形成的对角线望去，可以看到春分、秋

▼奇琴·伊察的“勇士庙”近景

▲卡拉科尔观象台

分落日的半圆；而南面窗口的对角线，又正好指着地球的南极和北极。窗的方向或角度与月亮或太阳的季节形成的位置刚好一致。

玛雅人的天文台常常是一组建筑群。从中心金字塔的观测点往庙宇的东面望去，就是春分、秋分的日出方向；往东北方的庙宇望去，就是夏至的日出方向，往东南方的庙宇望去，就是冬至日出的方向。更为神奇的是，他们天文台的观测窗并不对准夜空中最明亮的星星，而是对准肉眼根本无法看见的天王星和海王星。玛雅人的天文学知识达到很高的水平，他们十分重视天文观察。通过观察天象，不仅能够相当准确地预测出日食和月食，而且能够测出金星的公转周期。

在雕刻艺术方面，玛雅人更多地继承了托尔特克人的风格，其雕刻主题也大多表现战争，但作品的艺术氛围却更多地体现出活泼生动的气息，表现了玛雅人对生活乐观向上的积极态度。玛雅人用石头建造了数百座建筑物，都超过了原来玛雅文化的建筑。这些建筑高大雄伟，雕有精美的纹饰，都充分显示出了古玛雅人高超的建筑艺术水平。

▼玛雅人建造了多处金字塔

奇妙的图形与符号

玛雅文明早期阶段，各地在发展过程中形成了自身的文化特色，太平洋沿岸和高原的文化集中反映在大型石碑上。石碑上雕刻着历朝历代统治者的形象、在位时间和一些用象形文字说明的历史事件。主要文明发展中心是伊萨帕和卡米纳尔胡尤。

方块形状的玛雅字

玛雅人有着完整的、自成体系的书写文字，玛雅的文字像中文字一样成方块形状。玛雅文字是非常奇妙的，它既有象形，也有会意，也有形声，是一种兼有意形和意音功能的文字。

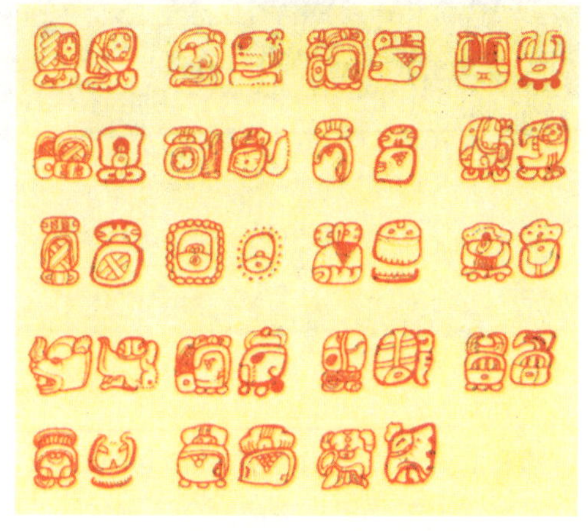

▲玛雅的象形文字

他们的象形文字体系由许多颇为复杂的图形符号组成，一般写法是从上而下，然后从左到右，符号共有 800 多种，大概 3 万多词汇。玛雅文字一般是刻在石柱、祭台、金字塔、碑碣和陶器上，此外还被写在树皮和鹿皮纸上。书籍的纸张以植物纤维制造，先以石灰水浸泡，再置于阳光下，因而纸上留下一层石灰。他们用这些纸编成各种书籍，其主要内容是历史、科学和典礼仪式，有的书籍还记载当时玛雅社会的各种情况。现代还有 200 万人在说玛雅话，而且其文字中一部分象形和谐音字很像古埃及文字和日本文字。

玛雅文字的一个字符中大的部分叫做主字，小的部分叫做接字，字体有“几何体”和“头字体”两种，另外还有将人、动物、神的图案相结合组成的“全身体”，主要用于历法。这些文字主要代表一周各天和月份的名称、数目字、方位、颜色以及神祇的名称。

因为没有发现类似埃及罗塞塔石碑那样几种文字对照的东西，更主要的原因是资料

▼玛雅文字对自然界进行了高度的抽象概括

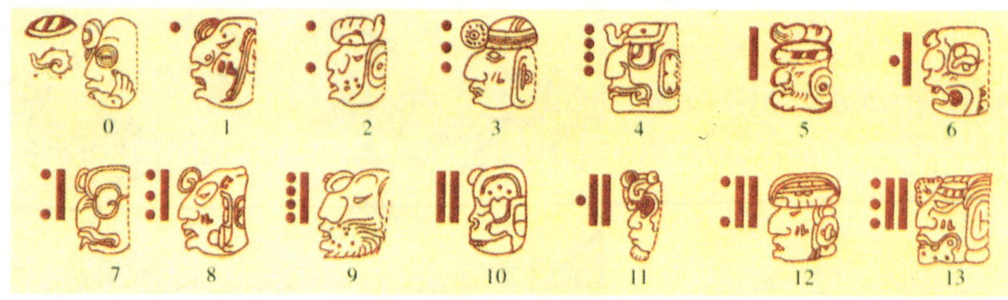

▲这些象形文字是用来表示玛雅各个月份

缺乏，所以玛雅文字至今也没能完全解读。玛雅文字原本在神庙等处的文字雕刻之外，还有大量的典籍，可惜的是，在西班牙人征服中美洲的过程中，殖民地时代愚昧的西班牙传教士，把无数玛雅典籍说成是异教邪物，成千上万本写在树皮上或鹿皮纸上的玛雅手稿被视为异端，尽数烧光。

“象形文字阶梯”

在科潘遗址广场上的一座建于公元755年的祭坛，高30米，共有63级台阶，它是由2 500块石头垒砌的阶梯，其中每个台阶上的每块石头上都刻有一个象形文字，梯级竖板雕刻有1 250个象形文字，被称为“象形文字阶梯”。它们共同构成了世界上最长的象形文字长卷之一，象形文字阶梯上的长卷记录自古科潘到公元755年的全部历史，科潘王国统治者的故事，也记载了其间重大事件的发生日期，比如，它记录着第13代国王是如何被杀等。同样，这座象形文字阶梯又成为后来的王朝用于统治子民，并宣扬自己业绩的宣传“画板”。

在玛雅社会已出现了纸张和成书抄本，再加上玉器、陶器和日常用品中普遍有文字书写的情况，把形象化的图形和图案化的简体符号结合在一起，就构成了那些正规的、方中有圆、方圆结合的玛雅象形文字，虽然象形文字比较艰深，但是已经成为了玛雅社会中不可或缺的信息工具。

玛雅象形文字的发展水平与中国的象形文字很相近，只是符号的组合远较汉字复杂，块体不像汉字要求方正而是以近似圆形或椭圆为主。字符的线条也不像汉字的笔画那样横平竖直，更多地依随图形起伏变化、圆润流畅。玛雅象形文字的复杂美丽与它的广泛使用都成为玛雅文化生活中的一大特色，这正是玛雅人对世界文明最伟大的贡献之一。

▲玛雅象形文字中刻画动物形象的图样

盛行于世的“波塔波”

古代玛雅盛行的一种叫做“波塔波”的运动，类似于今天的篮球。球场设在城市礼仪区域的中心。玛雅人有其独特的篮球比赛，球场通常是一长方形的空地，两边各有一道高墙，墙上有一石环，双方球员需要用肘、腰或膝把沉重的球投入石环。比赛时，球员只能用前臂、膝和臀部碰球，将一个硬橡胶球顶进石圈者得分。玛雅古代的球赛较现代的球赛刺激得多：采取真正的即时死亡制，先入的一方为胜，败方的队长必须立刻把自己的头割下献给神灵（也有说是胜利一方才有这个荣誉）。

进行球技比赛肯定是在固定的场地开始。据考古发现，奇琴·伊察的遗址中有一座比较典型的球场，球场有两堵巨大的平行墙体，每堵墙有 274 英尺* 长，30 英尺厚，相距 120 英尺。在两面石墙中央相对称的位置上，距地面约 20 英尺高处，有两个直径 4 英尺的石圈，内孔的直径为 1 英尺 7 英寸。

▼修复后的科潘球场

球技场是一种由独特的两个 T 所合成的形状，巨大的球场有着两堵并行墙，球场的两端分别建有庙宇，站在中央，可以听到球撞击时的回音。壁的两侧，有宗教的浮雕，其中央位置有一战士被象征性地切首，被切下来的头部出现 7 条蛇，最后一条则代表永远生命之木。浮雕的下部分，有象征死亡的头盖骨，即不断地出现在祭坛或雕刻中关于武的意念是自然现象，而且和肉体的死亡没有任何关系，显示出玛雅秘教教义中，向内性的秘教之死。

球场两侧有贵族和祭司

* 英尺、英寸为非法定计量单位，1 英尺≈ 0.3048 米，1 英寸≈ 0.0254 米。

▲库库尔坎金字塔西侧的“勇士庙”正面也是球场

▲描绘王室在玩球游戏的石雕

观看比赛的坐席。参加者使用一种橡皮球，不用手，而以臀部及腿部进行，比赛中，两队队员用胯部击球，将球撞入球场墙上高悬的石圈内。用臀部及腿部运球，意味着必须十分注意生殖器及性器的部分，也表示操作时必须运用无限的智慧。球必须画出和天空的星座平行的轨道，最后通过高挂在墙壁中央的石轮而结束。在比赛中，控制球的一方也就控制着在“阴间”内外移动的球形的太阳。

玛雅球赛是宗教仪式的核心部分，是仪式性的，和数学、天文学等教育目的有关。玛雅人认为，球赛象征着第三次重生中攸关生死的搏斗。球场的地面代表着人类的地球平台，在第三次重生之中它从地下世界中分离出来，是神主宰着球赛的胜负，正如他们主宰着战争的胜负一样。

在玛雅人的信仰里，为伟大的太阳神献身是最幸福光荣的事情，正是这个信念引领着勇士们在赛场和战场上拼杀。古玛雅人相信，只有被击败方的鲜血才能让太阳永久地保持运动。

▲玛雅球赛表演者雕塑

超越时空的数学和天文学

曾经在特雷斯·萨波特斯地区出土了一块石碑，石碑的正面刻有由“点”“横”组成的数字，竖行排列，经破译为“公元前31年”。石碑的背面刻有美洲豹的形象，这一石碑的发现向人们昭示了这样一个真理：奥尔梅克人是中美洲文明发展进程中创造文字和历法的始祖。

接近电脑语言的数学

奥尔梅克人发明了用5个圆点和一条横线的十进位制数学符号和一整套数学计算方法。这可以说是二进制发明以前世界上最简明的数学符号，它比我们日常使用的阿拉伯数字更简明、更直观，也更接近电脑数学语言。依靠数学计算和天文观测，奥尔梅克人创建了自己的历法，使用的历法中把1个月看成20天，且1年有18个月又5天，即18×20+5=365天，发明了美洲大陆最古老的天文历法，并使用点与棒来表示数字，使用数字“零”进行计算。同时他们也发明了一套独特的象形文字，遗憾的是，那些铭刻在奥尔梅克石碑和器物上的象形文字至今还没有人能够解读。

在公元前1000年前，玛雅人以几近零误差和令人惊异的准确度来设计，建设太阳和月亮等神殿，由简朴的农渔社区发展出辉煌的文化。古代玛雅人的数学和天文学的优越令人非常惊讶，世界上最早发明“0”的民族是玛雅人，世界上所有文明中最先具有“0”这个概念的文明是玛雅文明。

玛雅数字中的每一个象形图都由点和横线组成，20以下的数目用一个象形图来表示。以一个贝壳模样的象形符号代表0，每一点代表1，每一横线代表5。古玛雅人就是用这3个“原始”符号演变出“0”～“19”20个递增数字，1～19则以不同数目的圆点和横线组成的符号代表，玛雅数字20进阶，现代考古学家称“20进制”。玛雅人不知为何选择了20进制的运算，也许是觉得计数时只用十根手指有点浪费资源，手脚并用产生了20进制。

▼乌希马尔的术士金字塔同样有着深邃的天文学意义

高度发达的天文知识

玛雅人通过对天体运行的观测和计算,根据宗教、农事活动和记事的需要,制定出了一套复杂的方法用来记录重要事件的日期，主要有三种：260天为一年的“神历”、365天为一年的“太阳历”和144 000天为一循环的“长纪年历”。玛雅人建筑的金字塔、庙宇并不是为了需要，而是因为历法上的指示，每隔52年要建造一座有一定数目阶梯的大建筑物，一天为一阶，一道平台表示一月，直到顶端共计365天，每一块石块都与历法有关，每一座完成的建筑物都需符合天文上一定的要求。

▲玛雅人的历法和他们的宗教信仰的密切关系

神历也称“卓尔金历”，每年260天，由20个神明图像和1～13的数字，不断组合循环，就像中国的天干地支不断搭配组合，得到260种组合图标，代表260天。神历把260天分成13组，每组 20天，而13在玛雅中常代表大吉或大变，神话中亦认为天堂共有13层。太阳历是根据天文测算而来的。玛雅人称“年”为“哈布”，一年有18个月，每个月20天，每年另加5天作为禁忌日，称为华吉。这样全年就是365天。又以360天为一“吞”，20吞为一“卡吞”计7 200天，20卡吞为一“巴吞”有144 000天，这便是计算历法的单位，最大的称为“阿劳吞”，共有6 300多万年。

玛雅的历法相当繁复却也十分精确，当时采用的是20进制计算方法，换算成10进制，1年的天数为365.2420天，这个值与现代计算的正确值365.2422天，只相差0.0002天。玛雅人精于星象观测，经过长期观察、周密计算，将一年的长度修正为365.242129天，这同现代科学测定的绝对年长365.242198天的数值，相差不足千分之一！他们还会推算月亮、金星和其他行星运行的周期，能算出日食和月食出现的时间，并且掌握了金星运行的周期是583.92天。玛雅人运用“太阴计算法”推算出来的金星年份1 000多年也不差1天，比当时世界上的任何一部历法都准确。除了这个太阳历外，当时还使用与自然和生活无关的260天为1年的圣历、5.125年1周期的历法等。

▼玛雅的金字塔

玛雅人有一个被称

为“人类头脑最光辉的产物”的数学体系，在这个体系中最先进的是“0”这个符号的使用，它的发明与使用比亚非古文明中最早使用“0”的印度还要早，比欧洲人大约早了800年。

▲具有浓厚的宗教意味的玛雅金字塔

最光辉的天文体系

在发掘玛雅的金字塔时，不断地在金字塔的内部发现更古老的金字塔神庙，就好像是一个石头砌的大洋葱，剥了一层又一层，每两层之间相隔都是52年。

玛雅人还准确地推演出这几种历法的神秘关系，地球年365天，金星年584天，隐藏着一个公约数：73。365除以73等于5，584除以73等于8。卓尔金年、地球年、金星年，隐藏着一个神秘的公倍数，因而推导出有名的金星公式：

金星年584天x65=37 960天

地球年365天 ×104=37 960天

卓尔金年260天xl46=37 960天

古玛雅人的艺术作品中充满了对时间无限循环的颂扬和对人生短暂的感慨。中美洲古代文明的天文知识与历法远远超过了实用的水平。玛雅人用长纪年方法来计算系统纪年，可以准确无误地记下几千万年中的每一个日子。他们非常重视一系列的复杂而精细的历法，在许多纪念碑和神庙的石刻铭文中都有记述。正因为有这样详细的编年记录，才使现代的人们对玛雅历史的了解比对美洲其他民族更深入。

▼现存的玛雅象形文字古抄本

意蕴深远的宗教信仰与图腾崇拜

玛雅宗教思想体系是印第安人中间最复杂、最完整的宗教思想体系。古玛雅世界并不是一个单一的统一王国，而是由许多相互对立的小国和城邦拼凑而成，它们多数时间都疲于相互征战而不是相互联合。

神的崇拜

在玛雅人的宇宙观中，人类社会十分危险地介于魔鬼的下层世界和神的上层世界之间，战战兢兢，随时可能遭受毁灭性力量的打击。为了不让这些毁灭性力量降临，他们诚惶诚恐，对神诚心侍奉，包括用牲口和人祭祀。于是出于宗教原因和胜利者力量的炫耀，战俘常常遭到杀戮。人因为有所求才产生了神，人因为有所惧才抬高了神。玛雅宗教有信仰也遵循该原则，他们为了自己的愿望寻求自然的帮助，用献祭来讨好神灵。在玛雅宗教中最为爱戴的是雨神。玛雅人用4个大缸来储存雨水。管东方下雨的大缸是红色的，管南方下雨的是黄色的，管西方下雨的是黑色的，管北方下雨的是白色的，雨神行雨之时，绝不含糊，明确具有方位意识，分别从不同的大缸中取水施雨。在早期玛雅宗教可能只是简单的自然崇拜，如对太阳、月亮、雨水、闪电等。但随着农业方式的发展及历法、文字及编年等3项发明出现，玛雅宗教带来了重大的转折，独特的宗教哲学慢慢形成。

▲玛雅人的城邦被好战的托尔特克人毁灭

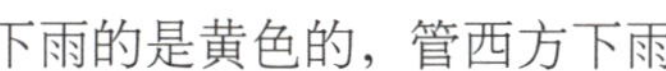

▼图中赤陶形象为传说中的人祭之神

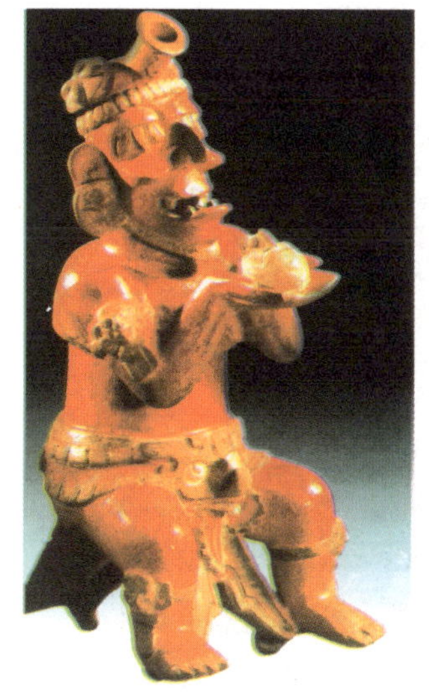

玛雅人认为伊特萨姆纳神是“天堂之主”，他领导着其他各种神。他还是“夜晚与白天之主”；在这一点上，他与太阳神克尼切·阿瓦和月亮女神伊斯切尔有密切的关系，甚至把太阳神看成是他的化身。玛雅人在迎接新年的时候，伊特萨姆纳神受到特别的崇拜，被认为是善神，可以使玛雅人免去灾害。雨神查亚克是玛雅宗教中的另一个重要的神，如同伊特萨姆纳神一样，雨神查亚克也是一个善神。玛雅人以农耕为生，雨神自然是他们十分崇拜的对象。

▲带有宗教绘画的陶制品

▼出土的玛雅贵族的陪葬品中，有一款由美洲虎头像和珠子组成的金项链。

尤姆·卡克斯是玉米神，玉米神在玛雅人的崇拜偶像中是第三位重要的神，它象征着生命、繁荣和富足，是个善神。阿赫·普切是死神，是个恶神，它常与战神和人祭神在一起。萨曼·埃克是北极星神，被称为商人的向导，是位善神。埃克·丘亚赫是战斗首领神。它有两个脸，一个脸是善神像，一个脸是恶神像。此外，战死、人祭和暴死神，风神库库尔坎以及自杀神伊斯塔布，也是玛雅宗教中比较重要的神。玛雅人还有其他的神。

图腾崇拜

从奥尔梅克文化中的雕像看，似乎都贯穿着美洲虎的崇拜。就连奥尔梅克人的祭台也别具一格。在拉本塔的一个祭台，是用整块玄武岩雕琢而成的，祭台上面，供陈放牺牲之用，祭台下部每面雕刻一个祭司，祭司手中握着一个小孩，祭台的正面是一个像豹子口似的神龛，内刻一个戴着高大头饰和巨型耳饰的人，手中捧着一个婴儿。奥尔梅克人都把人类同美洲虎的特征结合在一起。一些学者认为，奥尔梅克人部落的图腾可能就是美洲虎，他们继而崇拜一种超自然的生物——美洲虎同人类的后代，即虎人。他们的婴儿雕像，都像咆哮的美洲虎，这也许就是代表神圣的虎人吧。直到现在，美洲虎都是中美洲人供奉的神像，认为它是精神世界的主宰。

玛雅宗教有一种极强的二元论倾向，在他们的万神殿里有明确的善恶之分。好神带给玛雅人风调雨顺、国泰民安；恶神则带来饥荒、洪灾、死亡和瘟疫等自然的不利，还会带来战争、内乱等社会性的灾难。好神和恶神共同对玛雅人的生活起作用，以他们特有的相互牵制、相互渗透的组合方式作用于人类，他们的喜怒哀乐影射到玛雅人的社会生活中，表现出生活和命运不以人意志为转移的不可捉摸性。

◀刻有死神阿赫·普切像的玛雅石碑

凶残的血祭

奥尔梅克人祭祀地神和火神，用活人（儿童）献祭，以祈求风调雨顺，获得好收成。在进行祭祀典礼时常常举行各种各样的娱乐活动，例如，当祭祀典礼进行时，他们往往用橡胶制成球，玩球嬉戏。这表明奥尔梅克人具有很强的创造力，其社会生活极其丰富。

通常每个祭祀仪式都要经过几个阶段：先行斋戒、节欲，包括对主祭祭司和本人暂时禁忌性生活，这是精神上洁净的象征；预先通过祭司占卜来择定吉日，玛雅观念中每一日都由特定的神灵专门分管；先行驱逐参加仪式礼拜的人当中的邪恶精灵；对着崇拜物焚香；进行祈祷，向神灵提出要求，等到以上阶段完成后，祭祀便开始进行。

祭品将被带上金字塔顶的神殿，活人祭祀是祭司在4名称为“Chac”的老人（据说，此举是为了表示对古代玛雅人的雨神查亚克的尊敬）的帮助下进行的。这4个人分别按住“祭品”的胳膊和腿，另一个叫“Nacom”的人切开“祭品”的胸膛，参加祭祀的还有一个萨满巫师，据说他在迷睡状态时从神那里接受信息，他所说的预言由在场的几位祭司解释出其中的意思。祭司当场剖开“祭品”的胸膛，取出血淋淋尚在跳动的心脏献给神。据说有时祭品的主人可能还会兴致勃勃地从“祭品”中取出几根骨头，拿回家当装饰品。

▲带有小孔的螺壳乐器

玛雅宗教仪式中最重要的一条就是血祭，祭祀者以一种极为痛苦的方式献出自己的鲜血，因为他们相信只有让神感到满意后宇宙才能运转得井然有序。有些雕像就塑造了国王王后在自己身上放血时的情形。最初这种献祭可能只是王族成员象征性地滴血来表示，但随着时间的推移，人们越来越迷信，几滴血已经不能表示诚意，于是战俘和奴隶成了最佳祭品，奉献出珍贵的新鲜人血就成为了仪式上最能表达诚意的“祭品”。

▲祭祀时所使用的石头

玛雅人认为世界已经经历数次毁灭和重生，而且以后还将周而复始地继续下去，他们预言世界将会到达末日。为了讨好神，让末日迟些到来，祭祀成为了重要的手段。

▼国王手持利器，王后用带尖的绳子划破自己的舌头放血

玛雅人相信人死后，他们会通过一个洞穴或是一个灰岩坑进入地下世界。一个人活着的时候做好事，死了就可以进天堂，反之就要下地狱，由死神清算你在人世间所造的孽。他们把地狱称为米特纳尔。地狱由死神弘豪统治着。他用饥饿、严寒、无休止的苦役和精神上的虐待等非常残酷的方式折磨罪人。

玛雅人认为国王死后会通过与太阳运行相关的轨道进入地下，相信国王拥有超自然的力量，他们将在天国里重生并成为神。古代玛雅人很害怕由于自然原因而导致的死亡，他们担心这样死后不会自动进入天堂，坚信人进天堂或下地狱完全要看人生在世时的作为。

农业发展与陶器制造

奥尔梅克人最早的生活方式是以采集和狩猎为主，随着奥尔梅克社会和国家的形成，他们生活的地区土壤肥沃，雨量极其充沛，奥尔梅克人就开始耕种农作物，以之作为食物主要来源。种植的作物有玉米、马铃薯等，其中玉米是其主要种植的作物，种植方式为刀耕火种。

最早培育的农作物

公元前800年左右，当墨西哥湾沿岸的低地出现奥尔梅克文明，秘鲁出现文明之际，“形成”期的中美洲文化，制陶术和玉米种植已经传遍了整个“核心美洲”。

玛雅文明虽然是城市文明，却也是建立在玉米农业的根基之上，以农业为主，主要从事种植业。在奥尔梅克人创造的基础上，玛雅人继续发展和提高了玉米的种植技术，使得玉米这种原来生长在河谷中的野草经过玛雅人的培育，变成了既甜美又富营养的粮食。他们是世界上最早培育玉米的居民，玉米是玛雅人的主要粮食，其他食用作物有白薯、木薯等。玛雅人培育的玉米品种多样，有的果穗较大，需 6～8个月才能成熟；有的果穗较小，约3个月就能成熟。他们也种植其他数十种蔬菜作物，如蚕豆、番茄、南瓜、甜薯、豆和果树等植物（诸如鳄梨、番石榴、木瓜等）。辣椒、可可和香草、烟草等也是玛雅人栽种的作物，并栽培各种果树。经济作物中，最重要的有棉花、龙舌兰和蓝靛草。

▼奥尔梅克人的玉米形容器

▲中美洲是最早种植玉米的地区

传统观点认为玛雅人的种植方式只是刀耕火种，这一观点是片面的。有些地方的确是使用这种原始的耕作方式，但玛雅人根据各地的地理环境和气候条件大大改进了耕作方式；大多数地方已不再是广种薄收，而采取了相对集约的生产方式，他们先把树木统统砍光，过一段时间干燥以后，在雨季到来之前放火焚毁，以草木灰作肥料，覆盖住贫瘠的雨林土壤。烧一次种一茬，然后要休耕 1 ～ 3 年，有的地方甚至要长达6年，待

▲图为大约建于 10 世纪的玛雅人玉米神庙

草木长得比较茂盛之后再烧再种。玛雅人在农业技术方面，主要使用木棒和石斧，尖头的木棒用来掘坑种植作物，而石斧用来砍树开地。玛雅人在同一地段播种 3 次之后就留作休耕，抛荒多年。他们饲养火鸡和狗，但没有饲养大牲畜，他们还从事养蜂采蜜、捕鱼狩猎等活动。

技艺的表现形式

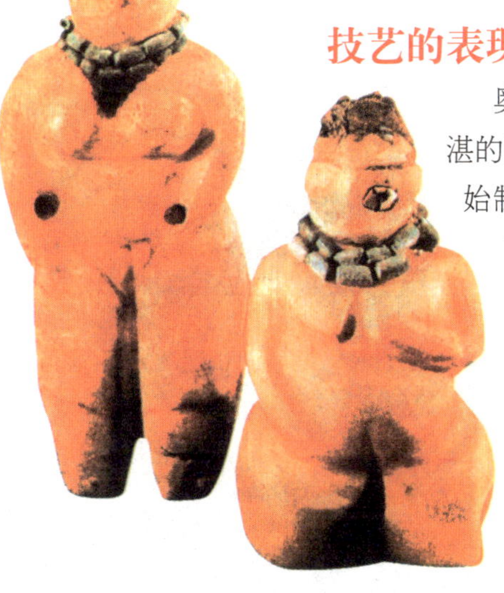

▲奥尔梅克陶器中大多数是女人小雕像

奥尔梅克人不仅有丰富的社会生活，而且还有精湛的雕刻技艺。在奥尔梅克文明早期，奥尔梅克人开始制作陶器。奥尔梅克的陶器艺术很发达，已开始了空心陶像的制作。主要以灰黄色粗砂陶为主，均为手制，器形较厚，表面一般没有什么装饰。奥尔梅克文化的艺术风格十分流行，特拉蒂尔科是制陶中心，位于距墨西哥城几公里处。特拉蒂尔科的陶塑艺术流行于公元前 1300—前 800 年的前古典期，是最古老的艺术之一，其题材丰富多彩，造型奇特，充满稚气。

大约到了公元前 1000—前 800 年，制陶技术大有进步，出现了具有玛雅文化特征的黑

▲美洲人在丛林中狩猎

▼在玛雅后古典时期有一些陶制乐器出现

色陶器。这种黑色陶器以钵形器和壶形器为主，器壁仍然较厚，表面先经磨光，然后刻出富有代表性的花纹。

奥尔梅克文化对中美洲宗教、艺术、政治结构和等级社会产生过重大影响。中美洲各地分散着带有奥尔梅克风格和设计标记的陶器，所用的黏土均来自墨西哥圣罗伦索，而圣罗伦索曾经是奥尔梅克第一个首都所在地。这说明圣罗伦索当时曾做过出口贸易，把陶器卖到中美洲各地。此外，奥尔梅克人也用这种方式，将他们的文化传播到其他地方。例如：他们创造的橡胶球死亡游戏以及他们对玉石、可可豆和奎特查尔凤鸟的喜爱。奥尔梅克文明开创的各种传统和文明都被中美洲继承下来。

▲造型幽默古朴的玛雅夫妇塑像

贸易活动的神话

玛雅人兴修水利，修筑了排水工程，建成了很多的台田、渠田，并发展出了依靠高密度劳力和农田水利系统，包括运河、水库及其他落差型储水设施。在山坡上开辟梯田，在低洼、沼泽地带修筑台田。他们还在家居周围辟有菜园或果树园，种植果树或蔬菜，利用火山灰、鸟粪、人粪肥田增产，用装有长木柄的石铲点种玉米或其他作物种子。当文明繁盛、人口大增时，农业的压力越来越大，人们更多地毁林开荒，同时把休耕时间尽量缩短。

农业和手工业的发展造就了一批专业工匠和商人，玛雅人以棉花和龙舌兰纤维制造绳索和粗布，以燧石和黑耀石制造武器和工具，以黏土、木材和石头制造各种器皿，并能制造各种精美的首饰、神态各异的雕刻和神像等手工艺品。由于玛雅人的居住地区没有金属矿藏，因而没有采矿冶炼活动，他们不知道铁器、铜器也是从外输入，数量极少。每个城邦的中心都有规模很大的市场，交换频繁，出现了定期交易。市场有客栈，供商人住宿。交换的日常物品有布、蜂蜜、蜂蜡、燧石武器、盐、鱼及奴隶等。在交换时，除以物易物外，还使用交换媒介——可可豆，如一个奴隶约值 100 粒可可豆，一只兔子约值 10 粒等。

▼工匠以燧石、骨角、贝壳制作的玛雅人殡葬艺术品组合

▲有动物花纹的陶制盘

玛雅社会曾相当繁荣。农民垦殖畦田、梯田和沼泽水田，生产的粮食能供养激增的人口，商品交易盛行。但自公元 7 世纪中期开始，玛雅社会衰落了。公元 820 年以后，玛雅人舍弃了这片千年间建立起的城市，再也没有返回这片文明的发源地。玛雅文明的毁灭已成为历史，但它为人类发展所留下的知识、经验，值得人类永远记取。

▼玛雅人的彩陶工艺中蕴涵着某种神秘的意义

神秘奇特的水晶头骨

一位英国考古学家17岁的女儿安娜·赫奇斯在玛雅城市卢班图姆发现了一只水晶头颅，据了解，这颗水晶头骨是由坚硬的熔融石英制成，它属于7等级摩氏硬度。

水晶即石英晶体，它的硬度非常高，仅次于钻石（即金刚石）和刚玉，用铜、铁或石制工具，都无法加工它。难道当时的玛雅人早已掌握了我们现在还不通晓的某种技术？即使是现代人，要雕琢出一种水晶制品，只能使用金刚石等现代工具，但也难以制作得如此精美。

玛雅人是运用什么样的工具、什么样的技术实现那么高的技艺水平呢？科学家们对此惊叹不已，只能估计它是用沙子和水，慢慢一点一滴地从一大块原石水晶磨出来的。若是如此，制作者就要24小时不断地打磨300年，必须是几代人坚持不懈地工作，才能完成这样的一件旷世杰作。但是会有几代玛雅人用去大量的时间慢慢地磨制呢？更有可能是古时人类使用一种现今人类都不懂或早已失传的先进工艺雕成的，也有人相信是地球以外高智能的外星人制作的。

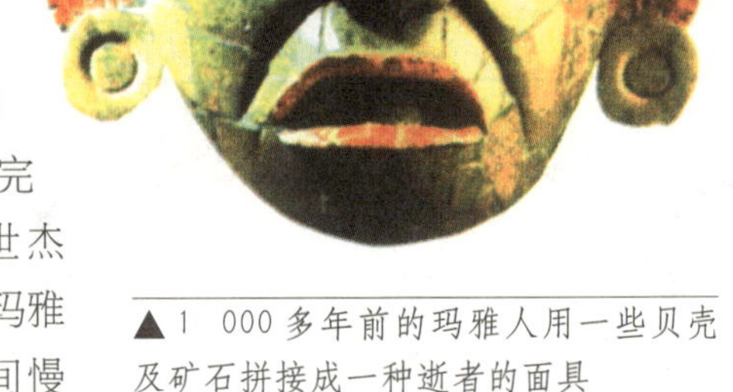

▲1 000多年前的玛雅人用一些贝壳及矿石拼接成一种逝者的面具

▼对玛雅人而言，他们在当时的情况下，用翠玉只可以雕塑出简单的人物头像

这个由完美无瑕白水晶雕刻而成的骷髅头骨是依照女性头骨雕刻而成的，它高12.7厘米，重5公斤*，跟一个成年人的头骨差不多大小，这颗水晶人头雕刻得非常逼真。它的下颌还可与头颅分开，两者之间却又吻合得天衣无缝，是无法从技术角度解释的。不仅外观，而且内部结构都与人的颅骨骨骼构造完全相符。工艺精湛，逼真得令人瞠目结舌，而且工艺水平极高，隐藏在基底的棱镜和眼窝里用手工琢磨的透镜片组合在一起，发出炫目的亮光。

* 公斤为非法定计量单位，1公斤=1千克。

水晶头骨的视觉性能独特，从下面射进头骨的光，一定会准确无误地从眼窝处反射出来，头骨看起来活像有两只闪亮发光的大眼睛。在头颅两侧各有一小孔，可利用来凌空固定头骨，下颌则有凹位与头颅连接，每处无不显示对力学有透彻的了解。

据玛雅古代传说，这个水晶头颅具有神奇的力量，是玛雅神庙中求神占卜的重要用具。这个水晶头颅是在非常了解人体骨骼构造和光学原理的基础上雕刻成的。1 000 多年前的玛雅人是怎样掌握这些高深的解剖学和光学知识的?

▲水晶头颅

一些人会看到头骨被灵光围绕，头骨的颜色发生改变，两个眼窝有奇异的景象反映，如建筑物、自然风光等，一些人会觉得口干，甚至听到发自头骨的声音和嗅到它的气味，而当大家碰触头骨时，有人会觉得它很热，但又有人觉得它很冷。其实头骨一直处于 21℃，温度并没有发生过改变。这些奇特现象大概会维持 5 ~ 6 分钟之久。而最重要的是发现它还有神奇的治病功能，一些身患恶疾、精神不佳或动过大手术的人，在和头骨相处一段时间后，身体不可思议地康复得极快。

▼大概是某位战败人的头骨被做成了酒杯状

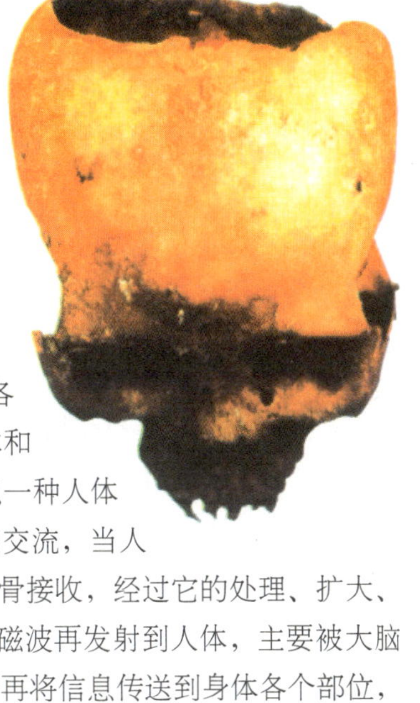

▼在玛雅时代的艺术工匠可以用玉器制作出人形的容器

美国科学家杜兰解释说，人类对它含有的各种各样的电子特性，是因为人体和天然水晶之间时时刻刻都以一种人体感觉不到的电磁波讯号互相交流，当人体发出的电磁波被水晶头骨接收，经过它的处理、扩大、传输，有意义信息的电磁波再发射到人体，主要被大脑中的下丘脑接收，然后再将信息传送到身体各个部位，人体磁场因而发生改变，人的五官或意识状态就受到水晶头骨影响，产生先前所述的灵异现象。如果对水晶头骨的奇异特性有更深入的认识，水晶头骨之谜就可进一步被解开。

独特的玛雅社会体制

▲表现被俘获的战俘在玛雅权贵的折磨下最终被处死的场面的壁画

玛雅社会是以家庭为基础组织起来的，家庭是玛雅社会的核心。实行父权制，但母亲或年龄最长的妇女在家庭中有一定的权威。若干血亲家庭组成氏族，玛雅氏族以父系近支组成，共同生活在一处，构成了社会的基层组织——氏族公社。

玛雅社会的中心是城市。城市里生活着不同职业、不同社会阶级的人，从事着手工生产、贸易、行政管理、政治统治和宗教活动。玛雅社会是个阶级社会，分贵族阶级、中等阶级和平民阶级。贵族阶级包括最高统治者及其家族、祭司、军事首领、政府高官、大商人；“中等阶级”系指官吏、商人、武士、工匠等；平民阶级包括仆佣和农民，他们居住在城市郊外简陋的草棚子里。土地归公社所有，分给各家庭使用，每 3 年重分一次，收获物归各家庭所有，可以自由交换。狩猎、制盐、捕鱼等生产活动由集体进行，产品分配到人。

在 16 世纪初欧洲殖民者入侵前，玛雅人已经向阶级社会过渡，氏族公社已变为地域公社。氏族内部的首领、贵族和僧侣逐渐成为世袭的统治者。贵族拥有较多的土地，经营蜂房、盐场，种植可可。祭司是玛雅贵族中的特殊阶层，他们掌握宗教礼仪、制定历法和安排农事。

玛雅贵族实行长子继承制，祭司的儿子和贵族的次子可以充当祭司。祭司在城邦的政治中占有特殊地位，高级祭司往往是玛雅城邦最高首领的顾问，地方祭司则是地方各级官员的顾问。玛雅人已使用奴隶劳动，奴隶的主要来源是战俘，也有债务者和各种罪犯，买卖奴隶十分盛行。奴隶从事一切劳动，为贵族

▲一尊玛雅社会上等人的玉石雕像

耕种土地，为商人搬运货物，充当纤夫。城邦则使用奴隶修筑神庙、筑路及从事各种杂役。一般的公社成员也必须为贵族耕种土地，修筑住房，向城邦纳税、提供军需等。

▲礼仪活动中使用的陶罐

▲玛雅氏族内部的首领逐渐变成贵族

玛雅人的政治体制很简单，没有形成什么“帝国”，只有城邦国家。各城邦实行世袭制，最高统治者出于一家，集行政、立法、宗教大权于一身。各城邦政治联系松散，主要是经济、贸易联系。玛雅城邦若是地处贸易通道上或气候适宜、土地肥沃、农业生产率高的地区，经济实力就强，政治影响就大，附近周围的若干小城邦也会与之结成松散的联盟。这一特征在中部低地和南部低地最为明显。由于政治联系松散，加上经济利益的驱使，各城邦之间战火不断，地方政局始终长期不稳。

玛雅高深的知识和文化只掌握在极少数贵族和祭司的手中，占玛雅人口绝大多数的下层劳动者完全是文盲。那些养尊处优的贵族知识分子，在繁华殆尽后难以生存，乃至很快消失，也带走了辉煌无比的玛雅文明。

▼玛雅权贵享受着骄奢和安逸的政治生活

第五章

印加：南美最为璀璨的明珠

印加人在南美洲安第斯山脉统治着一个庞大的帝国，凭借着聪明才智和辛勤劳动，印加人创造出南美大陆最发达的古代印加文明。可是，当他们的国家在16世纪遭到西班牙入侵后，印加人连同他们的古代文明却消失得无影无踪了。他们到底去了哪里？

“古老的山巅”上的“空中之城”

马丘比丘古城是世界著名的古印加文明遗址，“马丘比丘”在印加语中意为“古老的山巅”，位于秘鲁东南部古印加帝国首都库斯科城西北。古城建在海拔 2 430 米的安第斯山脉东麓的斜坡上，居于两座险峻的山峰之间，两侧都有高约 600 米的悬崖，峭壁的下面是日夜奔流的乌鲁班巴河，四周被崇山峻岭所环抱。

“空中之城”的构造

马丘比丘圣地建于印加帝国后期（1440—1500），实际上它建成的年代尚有争议，不过大多数专家认为很可能是建于 15 世纪末印加帝国向外扩张势力的鼎盛时期。圣地里保存着大量的祭坛、神殿、宫殿、浴场等文明遗迹。所有建筑物全部用石头垒成，宏伟壮观。

3 000 多级台阶的 100 多座石梯，把庞大古城的各个不同部分连接起来。排列有序的露台抬高了高地的边缘，使其与农业区的茅草顶小屋连接在一起。这里还遗留有不少贵族住宅，住宅的墙壁上有呈长方形或三角形的窗户，住宅的台阶倚山铺砌，整齐、高广，还有以石砌成的蓄水池，用以引入山泉供饮用。

这座被遗弃了数百年之久，又被森林蚕食了的古城，早已是满目疮痍，唯独其石砖建筑结构遭到毁坏程度之少，的确令人意外。印加人认为不该从大地上切削石料，因此从周围寻找分散的石块来建造城市。马丘比丘的全部建筑都用石头砌成，不用灰浆黏合，

▼神秘莫测的马丘比丘古城被称为“空中之城”

完全靠精确的切割堆砌来完成，接合缝连刀片都插不进去，让人不可思议的是各种不同形状的石块，被巧妙而又精确地相互拼合起来。所筑成的石墙，使人难以觉察到石块间的接缝，看上去，它好像本身只是一大块石头。公共建筑的墙石，大者重以吨计，墙基直接凿在岩层上，这些都显示出了远古时期的超凡建筑技巧！

▲狭窄而整齐有序的街道

带有宗教色彩的古城结构

马丘比丘古城遗址面积9万平方米，界限分明地分为农业区和城市区两部分，每个部分又分为上区和下区。城内规划井然，北部多为庄严的宫阙神殿，南部是作坊、居室和公共场所。这里宗教圣迹处处可见，从壮观的主神殿、三窗殿，到精美独特的太阳神庙、地庙、水庙，都表现着印加人对宗教的虔诚和对太阳的崇拜。

▼同所有处于生产力尚不发达阶段的民族一样，囿于对自然界认识的局限，印加人也离不开对神灵的求助

在太阳塔上，似曾有过对太阳系的观察与研究。那个塔是个马蹄形的建筑，朝东的一扇窗子很特殊，它在冬至那一天，可以抓住太阳的光线。再者，在三窗寺，那三扇排成一条直线的窗户以及屋子中央那一块笔直的长方形的石块，显然都有着特殊的意义，这里可能是印加人在马丘比丘祭奉太阳的主要场所，并是一个重要的天文观测站。

古城遗址外围是层层梯田形成的农业区，城区则由200座建筑和109个连接山坡和城市的石梯组成。农业区约有100块梯田，此外还有排水渠、墙壁和其他建筑物。这种梯田文化的核心是水利灌溉体系。这一体系先后由前印加帝国和印加帝国修建；它联结起所有的

▲印加人利用梯田工程和水利工程进行灌溉

梯田，并通过水渠和水管，流经山间深深的沟壑，一直通向延伸至太平洋海岸的辽阔荒原，使这片荒原变得繁荣富饶起来。在中东的“肥沃新月”地带，文明是对用水量的控制，而在秘鲁，印加文明则建立在对灌溉系统的控制基础之上。遍及整个帝国的庞大水利工程体系需要一个强有力的中央政权来管理。

整个马丘比丘城的中心印提华塔那，在圆形的太阳神庙里，藏有大量金银和许多供奉太阳神的神像，在这些神像中，著名的“印提华塔那”神像被认为是一种观测天象的工具。一块长方形的刻有度数的大圆石盘被凿成三级平台，一种用岩石刻成的类似于日晷的仪器，表面打磨平滑，棱角齐整，上端是一个倾斜的菱形石柱垂直而立，石盘中心的小棒会随太阳的升落，投下阴影，指明一天的时间，岩石的四角分指东南西北方向，可以用来预测冬至和夏至的时间，以便人们安排播种和收获的季节。

据猜想这是用来计算一些重要的日期的，当年印加人将它作为观象台和指南针，依石柱投影判断时间、节气和方向，同时还把它作为向太阳神献牲祭祀的圣坛，每年冬至（南半球的夏至）都在此祈祷太阳重新回来。印加人称自己为“太阳的子孙”，他们将太阳视作“燃烧的火鹰”，渴望用这块“拴日石”将这只日出苍山、暮息大海的火鹰永远留在天上。

马丘比丘古城是个奇妙的石头结构，当其他东西都残迹全无时，似乎只有一个复杂的天文装置能幸存至今，但这一切却反映了古印加帝国文明的发达。它曾被浪漫地称为“消逝在云雾之中的城市”，而古城本身包含的神韵，又给印加文明增添了一份神秘感。

▼被印第安人称做“印地华塔纳”(克丘亚语: 太阳钟)的“拴日石”

斧凿石刻的石造艺术

印加建筑首先由于它卓越的工程技术和杰出的石工术显示出高度的实用主义风格。印加城市的设计建立在一个被较小的街道分割开的宽阔林荫道的基础上，而那些较小的街道最终又会聚于一个被建筑物和庙宇排列成的开放的广场上。印加房屋的结构常常是单层的，沿海的低地常用砖块和灰泥建造房屋。

印加美术最独特的成就在于用巨大的安山岩、石灰岩、斑岩砌成呈巨石风格的纪念性建筑。石料割成规整的长条形巨石，然后垒成厚墙，榫口相接，接缝之严连刀刃也难插入。这种巨石建筑只有梯形壁龛，不加多少装饰，窗户和门构成墙以外唯一的装饰，巨石面微微凹进或凸出，在阳光下产生一种光影的效果，这种建筑异常简洁有力。

印加人还具有精湛的建筑艺术，神秘的马丘比丘古城和库斯科的太阳神庙就是其典范。库斯科的太阳神庙被称为黄金花园，该神庙不但建筑非常宏伟，全部用巨石砌成，而且墙角用金板贴角，过道用黄金铺就，连门也是用黄金制成的，可以说整个太阳神庙就是一个用黄金堆起来的金窟。马丘比丘遗址是迄今被发现的规模最大、保存最完好的印加石造建筑群。这里的太阳神庙和三窗庙则是最精美的石造建筑代表。印加工匠因地制宜，将太阳神庙建在一块凸起的巨岩上，打磨精细的石块依照巨岩弧形外形砌建。太

▼沿海的房屋结构，多倾向于使用一些切好的石块完美地堆砌在一起构成

▲印加帝国遗址

阳神庙的巨岩下是一处人工开凿的皇家墓穴，暗室里的石壁上更保存了斧劈刀削的切面和拐角，展现了石制建筑的天然质朴的兴味。

再例如，玻利维亚和秘鲁交界处的的喀喀湖东南21公里，重峦叠嶂的安第斯高原上，坐落着古代美洲最卓越、最著名的古迹之一——太阳门。这个前印加时期的庞然大物由重达百吨以上的整块巨石雕琢而成，高3.048米，宽3.962米。门两侧刻着48幅方形图案，分列三排，簇拥着上方一个会飞的神，上面有光芒四射的人形和一些已经灭绝的动物浮雕。门上镂刻的许多象形文字被考古学家认为是一种天文历。按照这种历法，一年只有290天，一年的12个月中，有10个月只有24天，其余2个月为25天。没有人知道这种与现在的太阳历大相径庭的历法究竟是如何运转的，只知道每年9月21日黎明的第一缕曙光总会准确无误地穿过太阳门的正中央。所有的印加人都相信，太阳神庙的宏伟和豪华就是太阳门开的先河。

▲浮雕石门对后来印加人的太阳神庙影响非常大

印加建筑大部分都简朴且正式，门除了可能具有比较明亮的色彩外，没有其他装饰物，门内部的油漆也同样很简朴。这种做法并不是为了节省劳动力，而是因为印加人喜欢简约的风格。印加人的建筑水平非常高超，他们早已掌握了精密的石块镶嵌和衔接技术。印加石造建筑通常不在石块间添加任何黏结物，仅利用石块的重量和特殊设计的集合外形使其自然紧密地咬合。大部分的印加建筑是非常坚固的，它们甚至能够经受地震的考验。

▼位于蒂亚瓦纳科的太阳门是由一块巨石板雕刻而成

经过数百年的风霜雷雨以及地震等自然力，这些石造建筑仍屹立不倒。直到今天，我们也不能把即使极薄的刀片插进石缝。印加人之所以能有如此精湛的建筑艺术，是因为他们继承了古代安第斯高原的文化，印加帝国的石块设计将自然景观和人工建筑巧妙地结合在了一起。

▲印加人用巨石垒筑了许多古城堡

在建筑开始之前，建筑师一般先做一个建筑物的模型。然后，在建筑工地，他再把自己的设想解释给测量员和泥瓦匠。建筑工人们费力地找出巨大的石块，并沿着石块有缺陷的边钻孔，把缺陷的地方去掉，石块在一系列的滚筒或者背架上送到工地。一般会有几百个工人同时参加这项艰苦的工作。他们用石球重击形状不规则的石头让它们变得比较规则，并且石头的表面都要用坚硬的石块摩擦光滑。建筑工人借助土坡的帮助可以把石头放上高高的围墙。一般最大的石头放在底端。只有熟练的匠人才能砍凿，最后使用的那些矩形石块来建筑最重要的部分。

印加的国王在重要的城镇上建造了很多的宫殿，这些宫殿占地面积很大，而且围绕着庭院有很多间房屋，其中接近印加和皇后居住地的是皇家仆人的住所。宫殿中也有许多地方是为来访者和其他部落的俘虏准备的，其他房屋则用来储存所需的物资。帝国的建筑诸如通道、水渠、水道、渡槽、道路、客栈、仓库以及改善农业体系的重要设施，保证了日趋增长的人口的需求，同时有利于其他部族的臣服。

在这些巨石建筑面前，可以感受到几分印加帝国时代的遗风。完美的印加巨石建筑与周围的环境浑然一体，排列巧妙，它们是古代印加石匠和建筑工人的智慧与勤劳的结晶。

▲印加的皇家贵族用木轿来作交通工具

结绳记事：印加人神秘的“奇谱”

▼结绳记事

印加人有自己的语言，但没有文字历史。他们使用的是最原始的“奇谱”，即一套用绳子打结的方法来记录历史，这是一种用来记录重要官方信息的绳结语——结绳记事。

神秘的绳结被印加人称为奇谱，传统的记事绳是用羊毛或骆驼毛编织而成的，最多被染成 7 种不同的颜色，以绳索的结和颜色表示一定的事物和数目，它是由一根主绳上穿着上千根副绳组成。主绳通常直径为 0.5 ~ 0.7 厘米，上面系着很多细一些的副绳，一般都超过 100 条，有时甚至多达 2 000 条。每根副绳上都结有一串令人眼花缭乱的绳结，副绳上又挂着第二层或第三层更多的绳索。

古印加人通过记事绳上打的结的形状和大小、结与结之间的距离以及每个结在绳上所处位置，记录他们生活中的各种要事。当时的统治者通过记事绳传递公文，记述日历和历史。印加奇谱比一般的结绳记事复杂，一块奇谱往往有一条横向主绳，上面垂挂有很多打了结的垂直绳索，在它们上面又挂着第二层或第三层更多的绳索，层层累积而成。到现在，保存下来的只有 600 多个奇谱，大多数都是公元前 1500—前 1400 年间打的结。不过，其中还有一部分只有 1 000 年左右的历史。科学家发现奇谱的记数方式，并成功破译了第一个印加文字——印加的宫殿所在地，普鲁楚柯城。

▼结绳记事的各种方法

印加人手中，葵布成为帝国统治的理想工具，用来记录官方所需要的统计数字。美国考古学家在 20 世纪“破译”了葵布的秘密，即结代表一个以 10 为基础的十进制计数体系，而结在绳子上的位置则表明它们的位置数，在每一根绳子最底层的结代表个位，绳结则依次代表了十进制的十位、百位、千位等，越靠近主绳的结位数越高。后来的学者还指出其他较高层次的葵布的颜色、位置甚至结本身都有可能代表着概念、事务和言语的模式，葵布还可以帮助口头历史和文学的记忆与回忆。

库斯科："安第斯山王冠上的明珠"

▲库斯科城

"库斯科"在克丘亚语中，意为"肚脐"（另一资料：意为"世界的中心"）。位于比尔加诺塔河上游，安第斯山高原盆地，海拔 3 410 米。居高临下，四周皆崇山峻岭，林木葱郁，气候凉爽，秘鲁人称它为"安第斯山王冠上的明珠"。

传说远古时代，古代印第安人民在这里披荆斩棘，缔造家园，感动了太阳神，太阳神赠给他们一柄金斧。11 世纪印加帝国初期，皇帝曼科卡巴克主持兴建了这座城市，经过一系列的战争和征服之后，辽阔的印加帝国时代达到了它的顶峰，库斯科发展成为帝国的首都和神圣的城市，是印加帝国的政治、经济、文化及宗教中心。帝国的社会组织是非常等级制的，这种观念影响了城市的设计布局。昔日印加人为了使帝都规划布局严整，同时得到自然之神的庇护，便按照美洲狮的身形设计了库斯科城。

尽管库斯科的地形高低起伏，印加首都采用直角方式设计。直线的布局和中央广场为库斯科提供了四条道路连接帝国的行省，而且反映出文艺复兴的都市规划原则适用于新世界的城市规划。公元 1200 年前后，国王曼科·卡帕克遵循他父亲太阳神的指示，从的的喀喀湖迁都这里，建成雄伟华丽的库斯科城，并以这里为中心，建立了庞大的印加帝国（印加意为"太阳的子孙"），创造了印加文化，成为南美大陆印第安文明的最高峰。

▼印加人修筑举世无双的大道

库斯科的主要建筑是萨克萨瓦曼圆形古堡和大教堂。萨克萨瓦曼圆形古堡闻名世界，是古代印第安人最伟大的工程之一，距库斯科城1.5公里处，建筑在一个小山坡上，是俯瞰全城的巨大防御系统，也是举行“太阳祭”的地方。

古堡从上至下有3层围墙，每一层墙高达18米，长540米，均用巨石垒砌而成。高处有3座塔，上塔是圆柱体，塔内有温泉，下层台阶用石板铺成，长达800米。古堡最高处是由3座塔楼围起来的一个非常整齐的三角形。古堡地下有用石头砌成的网状地道，它和3座塔楼相通。圆柱体主塔基层呈放射状，其他两座塔呈正方形，是驻军之处。

据说其主堡是由印加王帕查库蒂于15世纪70年代动工修建的，持续了50多年，直到西班牙殖民者入侵之前还没完全竣工，这里也是印加王的行宫。这一宏伟壮观的建筑群显示了印加帝国的强大，从建筑艺术上，其结构新颖而复杂，建筑庞大而坚固。另一主要建筑是大教堂，大教堂顶端的福音钟楼悬挂着一口130吨重的大钟，据说是南美大陆最大的钟，钟声能传到40公里之外。

库斯科城中心是兵器广场，在城中心的武器广场正中，一位印第安人的全身雕像耸立在那里，广场四周则环绕着西班牙式的拱廊和4座天主教堂。广场东北是建在高耸的金字塔顶的太阳庙、月亮神庙和星神庙。左右对峙的蛇神殿和太阳女神大厦的墙壁遗迹位于广场东南。为迎接帝国军队凯旋的欢庆广场坐落在武器广场的西南，当地人把欢庆广场称为“库西帕塔”，曾是印加帝国时期举行庆典的场所。广场正中耸立着印第安人的全身雕像，几条狭窄的石铺街道呈放射状通向四周，街道两旁仍矗立着许多用土坯建造的尖顶茅屋，其中很多石块房基还是印加帝国的遗物。

1533年西班牙殖民者入侵，城市受到很大破坏，后来西班牙殖民者又修建了大批屋舍，两种建筑风格融合，被誉为印加的独特建筑方式。印加王自库斯科地区推行了一些艺术和建筑模式，印加帝国的文化汇总了千年传统并达到了顶峰，建筑之精巧令人称绝。

▼阳光下的库斯科城

印加人多彩的经济生活

▼印加人成为美洲印第安人中唯一饲养大牲畜的人民

印加人重视农业，主要农作物是玉米和马铃薯。他们还饲养骆马和羊驼，但不用于耕作，掘地是用人工。这些动物的饲养不仅为人民提供了肉食和毛皮，而且还为农业生产提供了优质肥料，这反过来又促进了粮食产量的提高。

生命之源的利用

印加人继承前人的成就，在干旱缺水的山区修建了水渠和梯田，使粮食生产得到稳定发展，保证了非农业人口的需要。在温暖的土地上，玉米长势良好，玉米和用玉米酿制的啤酒是只在帝国举行的某些仪式上才能够享受到的奢侈品。玉米和其他一些食物产量的增加允许帝国的剩余劳动力不断增加，因此导致帝国出现了一些专门的匠人。

在帝国的沿海沙漠地带，灌溉系统特别重要，但是大部分的水利系统都是在印加帝国征服这片土地之前就长期存在的。在温暖、干燥的山谷，通过把陡峭的斜坡夷为平地，并改造为梯田使得可耕地的数量大大增加。改造了许多建了梯田的高山流域，在梯田里增加了灌溉系统，因此这些珍贵的土地也变成了产品。印加人的水渠和梯田修筑得非常坚固，修建梯田和远程水利灌溉工程不断发展，最长的水渠长达 113 公里。有些水渠至今还在使用。

独具匠心的制造业

印加人不仅农业比较发达，手工业也很出色。他们不但懂得金、银、铜、铅、锡、汞的冶炼，还会冶炼各种合金，并知道利用汞来提纯黄金。

▼印加人培育了多种作物

▼印加人通过建立灌溉系统来浇灌农作物

▲印加人的金银装饰品

印加人还善长于金属冶炼和加工，他们掌握了许多种金属加工工艺，如铸造、锻打、模制、冲压、镶嵌、铆接、焊接等。已能开采金、银、铜、锡等金属，生产工具和武器以青铜制造为主。铜及其合金主要用来制造武器、日用器皿和利刃工具。但是，如同美洲其他印第安人一样，印加人一直不知道铁。

在印加帝国时代，手艺人是很受人尊敬的。印加人拥有许多金和银，他们认为金是“太阳的汗水”，银是“月亮的眼泪”。有一些专业的匠人能制作出很精美的物品，如金器匠和银器匠。不过要熔化白金，需要1 700℃以上的高温才行，由此可知，当时印加人已经拥有了可产生如此高温的熔剂。手工艺工人还能用金、银、绿宝石、玉以及贝壳来制作祭祀用具、雕像以及其他呈献给印加王的精巧绝伦的物品，或是供皇族、宗教使用的物品。

印加金属加工业的水平较高，铜及其合金主要用来制造武器。早期的一件工艺饰品是美洲狮形黄金。金银主要用来制作装饰品和艺术品，银、铜等制作的首饰和日用器皿也很精巧。视黄金为太阳象征的印加人，制作了许多精致的黄金饰品，其中有一种金蝴蝶的翅膀只有0.1毫米厚，重心找得非常准确，投出后能在空中盘旋。

黄金在印加被广泛地应用，其中库斯科的太阳神庙中墙壁就是用黄金片镶嵌的，中间一个金制圆球，代表太阳，旁边有几百条金制线条，代表太阳的光芒，壁上金光闪闪，富丽堂皇。古代印加人祭祀用的“杜米刀”，也是由几块金片焊接而成，刀身呈半月形，刀刃则呈弧形，刀柄上站立着一位身生双翼、双臂抱胸的人物，他头戴半月形冠饰，冠饰两端各有鸟形的挂坠，眼睛、耳饰、翅膀及刀柄上均镶嵌有绿松石，带有浓郁的印加文化特色。

▲图为印加贵族收藏的玉块

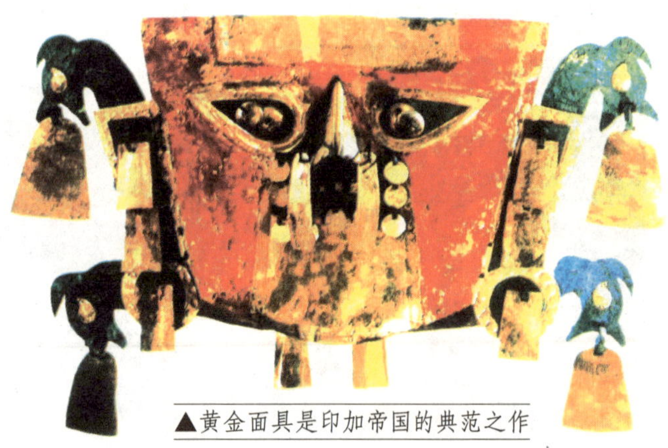

▲黄金面具是印加帝国的典范之作

▲彩绘的陶器制品

▲在印加帝国时期，物质交换是通过政治渠道完成

帝国的工匠艺术

印加帝国的主要手工业部门除金属加工外，制陶、纺织等行业也有所发展。陶器的主要特点是具有引人注目的磨光技术、雅致的装饰、优美的几何图案和绚丽的色彩。由于印加时代没有现代制陶工人所用的轮子，所有的陶制品都只能是手工完成。之后将所有的黏土制品放在炉子里烧结，最后取出，用红色、黑色、紫色和奶油色4种颜色的颜料给陶器着色。他们在陶器的制作技术和设计式样等方面吸取了前人及同时期其他地区的经验，并且将技术进一步发展。印加社会尚未出现自由手工业阶层，优秀工匠大多是专职为宫廷服务的。

早在公元前2000年，印加人的纺织技术就已经达到了较高的水平，他们会纺纱织布，纺织品主要为棉毛织物，毛织品和棉织品花色多样，色彩调和，制作精细。其中有时夹有金线或鲜艳的羽毛，图案丰富多彩。如1 000年前留下来的一幅地毯，每英寸含绒纱500根，而欧洲中世纪同类织物却只有100根。在南部沿海皮斯科附近出土的木乃伊套服，被称做是“世界纺织品的奇迹之一”。印加的织布匠们可以用线造出桥，用纤维织出屋顶。他们不会涂写，但是可以在羊毛线上打出不同图案的节来清点自己的财富。在高山地区所有的衣料都是由羊毛制成的，在沿海地区，也用羊毛纺织衣物。

对印加人来说，他们的衣服随他们在社会结构中的地位而变化，服装的基本风格是相同的。男人们穿的简朴的束腰外衣仅仅到膝盖以上，戴外衣上罩着宽松的斗篷。至于鞋子，他们一般穿草鞋或者皮鞋。女人们穿着长及脚踝的裙子，裙子上常带有编织的腰带。而且女人们戴着帽子，在她们编好的发辫中夹杂着折叠的布条。

生活在印加地区的人们曾先后创造出了丰富多彩的经济生活，是古代印加人民现实生活的体现。他们在不同的方面吸取了前人及同时期其他地区的经验，作为集大成者，印加文化是对历史悠久的其他文化的继承和发展，是自身文化的结晶。

▲库斯科的黄金制品

高度发达的古代文化

由于农业生产的需要，印加人已掌握了一定的天文知识和历法，在医学、美术和科技领域内，印加人已达到了相当高的水平。在首都库斯科，印加人在库斯科城东、城西建有4座天文观象台，用于观测天象，以根据太阳位置确定农业季节，中心广场另设一座。

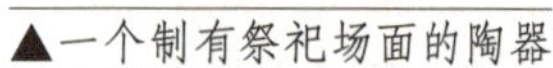

▲一个制有祭祀场面的陶器

形式多样的科技

根据长期的观测，印加人测得地球运行周期是365天零6小时，并据此制定了太阳历。印加人还有一种历法是阴历，一年包括354天，是根据对月亮的观测结果制定的。历法是用来预言未来消免灾害使用的，只有熟知占星术的神职人员才能使用。印加人的数学采用10进位制。不过，印加人尚未创制文字，他们的计数方法是结绳，克丘亚语称“奇普”，即在一条主绳上结上许多小绳，用结节表明数字，用不同的颜色和长度表明不同的类别。有人认为当时已创制出图画文字，但后来失传。

在医学方面，印加人的外科手术特别是穿颅术在当时居于世界先进行列。手术刀主要是一种T形铜刀，非常锋利。与外科手术相伴而生的麻醉术，印加人也是内行。印加人知道多种草药，如奎宁、可可等，这些说明印加人的医学也发展到一定水平。他们使用许多草药治病，已能制作木乃伊，对麻醉药物颇有研究，用古柯叶来当麻醉剂，使用石英当做手术刀。在印加帝国的遗迹中，挖到的一个曾进行脑外科手术的人骨可以证明印加人已经掌握开颅术等外科技术。印加人还拥有一定的度量衡制度，考古工作中曾发现骨、木或银制的天平。

▼精美首饰及工艺品

印加人的艺术成就

印加人不仅在科技上达到了较高发展水平，而且在音乐、文学方面也有很高造诣。有人认为，印加音乐可与欧洲古代民歌相媲美，甚至更为高超；还有人认为，印加音乐具有亚洲古代音乐的水平和相似的表现手法。由于印加

▲古老印加文明继续流淌在崇山峻岭和热带雨林之间

人没有完整的文字系统，文学多是口头传说和戏剧。

印加音乐中最著名的有《奥扬泰》。传说奥扬泰是位勇士，爱上了印加王的女儿，并请求印加王赐婚，而印加王认为这种要求太过荒唐，于是把自己的女儿与那些为祭祀太阳神而挑选出来的少女们关在一起。奥扬泰得知消息后，立即前往营救并准备双双出走，但没有成功。他后来发动了一场推翻印加王的暴动，在城堡的激战中，印加王守城失败，便收买了奥扬泰手下的一个叛徒，之后便捉住了奥扬泰，印加王把城堡交给了那个叛徒。《奥扬泰》在西班牙人到来前已广泛流传于中安第斯山区，在殖民时代初被西班牙传教士创制并写成剧本，在世界古典文学名著中占有重要的地位。

提到印加的文化艺术，在雕刻方面，印加帝国几乎没有什么大型作品，只有一些成功的小雕像。最常见的是石雕小羊驼，线条简练，几乎是用几何图形来表现这一动物的，但造型很生动。还有鱼或羊驼形的容器，是用坚硬的石质刻成，形象也很简单，以其简朴的形式接近完美，表现了对坚硬石料的独具特色的处理方法。小型人像石雕面部刻画以写实为主，常有大大的眼睛、挺拔的鼻梁和坚毅的下巴，头上戴着简单的头饰，服饰的表现用简单的几何图形。这种小型人像的面部和头饰、衣着的刻画并不采用单一的程式化，似乎更像是肖像刻画，具有秘鲁高原山民的相貌特征，表现出印加艺术家对人物形象的概括力和表现力。

这些出神入化般的印加时代艺术和科技取得了划时代的成就，无一不表达了古代印加人高度的文化和智慧。几乎像所有的古代国家一样，印加帝国的神话也带有神秘色彩。

▼带有简单刻纹的古代墓葬地

热爱光明的太阳神子孙

印加人自古就是热爱光明，崇拜太阳的，他们把太阳看做唯一能给他们带来光明和温暖、幸福和希望的来源。他们虔诚地供奉太阳神，自称是太阳的子孙，太阳的后代。此外，对月亮、土地及其他星宿也虔诚崇拜。

在印第安语中，“印加”意为太阳的子孙，印第安人在秘鲁各地建造了许多太阳庙、太阳门以及太阳金字塔等建筑。印第安人也在世界上最高的淡水湖——的的喀喀湖畔，筑起了一道宏伟的太阳门，以期达到“太阳永不落山”的目的。他们不惜一切代价，把自己的城市建筑在最高的山巅，隐藏在太阳的翅膀底下，是为了更接近太阳。他们最惧怕太阳消失，每天当太阳向西落下时，他们总是担心它从此坠入无底的深渊，

▲黄金饰品顶部的太阳造型

▼祭祀太阳的遗风依然盛行

▲印加人汇集在祭坛周围

▲西班牙殖民强盗皮萨罗一伙用背信弃义和极端残酷的手段征服了印加帝国

再也不能爬上来。

崇拜太阳在世界上非常普遍，这是早期原始人对自然界黑暗的恐惧和农耕部落耕种离不开阳光的一种强烈反应，从中可以说明，印加人还处在早期农耕阶段，尚未脱离对大自然的无限依赖。印加人之所以崇拜太阳神是希望印加帝国在太阳神所散发出来的阳光的沐浴下不断壮大，但他们所崇拜的神灵并没有保佑他们的帝国免遭灭顶之灾。

在印加帝国中宗教是为政府服务的。帝国的宗教等级制度和其政府

▼每逢农事周期的各个节日，都要举行盛大的太阳节祭典活动

▲不少的印第安人有让死者成为木乃伊的风俗

体制的等级相似。主神父管理属于印加贵族的主教们，主教又监管遍布各省的男女教士。教士们最神圣的职责之一就是去制作木乃伊（即干尸），用这种形式来保存死者的遗体。印加人深信死者会有来世，而来世生命的长短取决于他们遗体所能完整保存的时间。印加人拥有一种用作涂抹尸体而防腐的香油，它完善了制作木乃伊的技术，现代科学家们对这项技术仍然不完全清楚。

印加人崇拜许多神，每一位神都有特定的寺庙，供奉的祭坛和礼拜仪式，造物者被称为维纳可卡，地球之母被称为帕卡妈妈，雷神被称为伊拿帕。对印加人最为重要的神是英堤，即太阳神，印加人相信他们都是太阳神的后裔。在印第安人的印加部族里，延续着一年一度的传统节日“太阳祭”。这种隆重的祭祀仪式起源于印加帝国鼎盛时期，世代相传，沿袭至今。人们顶礼膜拜，进行隆重的祭祀仪式。

有一个广泛流传的古印加丧葬风俗，如果死者是男人，会把他们最珍视的财产以及他最喜爱的美丽妇人作为殉葬品一起埋葬。他们相信灵魂的不朽，因此在古印加建造宏伟的陵墓是很普通的事情。陵墓中常有死者和他的财产、女人以及侍从，还有大量的食物和酒、武器及装饰品。印加人的成人礼无疑也是展示印加文化的重要场合，在印加人心目中，美洲豹代表着凶猛、敏捷，是森林之王，在这一显示皇家风范的场合，它理所当然地也被请出来接受万众的瞻仰。

印加人已确立国家信仰及祭司教阶层制度，祭司阶层享有特殊地位。因为地位较低，一些印加人仍保持图腾崇拜和祖先崇拜的习俗，各氏族公社以动物命名，视祖先为公社保护神。全国的宗教中心是库斯科城中的太阳神庙（金宫）。

印加人的太阳神崇拜与自然力崇拜也是紧密相连的。太阳能给人们带来美的享受，也会发出无限的光和热，给人们送上光明和温暖，这正是印加人祈求的恩赐，他们希望大地永久处在璀璨的阳光照耀之下，因此，印加人崇拜太阳是十分自然的选择。

“太阳神之子”——印加王

▲印加人的祖先从这片水域起航，经过长期不断征服邻近的部落，逐步成为库斯科地区一个势力强大的国家

“印加”一词直到第六位统治者采用了印加君主的称号时，才出现在印加人自己的口头流传历史中，“印加”也因此成为国家最高统治者的称呼，臣民一律尊称国王为“印加”。那个时代的人们多崇拜神，太阳被认为是主宰宇宙万物的主神，“印加”则是太阳神之子，是神明在人间的化身。相传远古时代，太阳神之子曼科·卡帕克在的的喀喀湖中的太阳岛上现身，此后，位于秘鲁和玻利维亚交接的喀喀湖，成为印加始祖的诞生地。

帝国的真命天子

从曼科·卡帕克到第八位印加王，历史学家一般认为这是印加的传说时期，因为有关的传说大多支离破碎，模糊不清，无法据此描绘出一条清晰准确的历史轨迹。从第九位国王帕查库蒂统治开始，印加才进入可靠的历史发展阶段，经过不断征讨，终于建成了古代南美洲最强盛的大帝国。

印加帝国的Sapa真实的意思是唯一的君主，人们相信国王就是太阳神之子。当他继承王位时，他将和他的最大的姐妹结婚。而他们的第一个儿子将会是下一届印加帝王。印加统治者可以有很多的妻子，但是能够继承王位的那个孩子只能是他和他的姐妹生下的孩子。

▼印加帝国的疆域北起今天的哥伦比亚，南到今天的智利，领土面积达200多万平方公里

印加王必须是一个优秀的统治者，并且帝国将选出一些有识之士辅佐他，印加王的话就是法律，没有他的允许不能建造城镇和建筑物。他的一些地方官员的辖区使他与帝国之间保持紧密联系，而且他也能到处旅行。印加帝国的每一代国王都将在库斯科中心建造自己的宫殿，在他的宫殿里有很多专门为他制作的珍奇东西。他

▲印加人以服饰来显示其在社会中的地位

的诸多的妻子们在宫殿内守候着他，当他死亡的时候，他的尸体将被制成木乃伊，并保存在宫殿内，他的仆人们将仍然在宫殿内服侍他。

印加帝国的统治手段

印加人的基层社会组织是农村氏族公社。耕地归公社所有，分3部分，分别属太阳神、国王和公社成员，产品用于供应祭祀和祭司生活需要、政府和军队开支以及维持公社成员生活。所有土地均由公社成员耕种，但耕作时需先种太阳神和国王的土地，然后耕种村社成员的份地和归村社所有之田。

▼印加国王随葬品中的面具

印加国都城库斯科号称“世界中心”。国王称为“萨帕印加”（独裁执政者），是政治、军事和宗教的最高首脑，被尊为太阳神在人间的化身。除了政权机构外，印加奴隶主还拥有一支20万人的训练有素的常备军队，用其对外扩张，对内镇压反叛力量。每征服一地后，均实行米蒂马耶制度，强迫被征服部落迁移到新地方，并派遣忠于印加的居民进行监视。强迫被征服各族使用官方语言克丘亚语，同时把各地区统治者的子弟召来库斯科作为人质，以巩固帝国的安全。

印加国是一个奴隶制国家，实行中央集权制，奴隶主阶级包括印加王、王室贵族、高级官吏和祭司。他们不从事生产劳动，过着奢侈的生活。印加王被称为太阳之子，神的化身，拥有至高无上的权力，独揽国家一切政治、军事和宗教大权。为了维护自己的统治，印加王建立了以中央集权为中心的政治制度，他以库斯科为中心，通过各级官吏，牢牢地控制着全国。帝国内实行劳役制，25～50岁的男子均需服劳役，被征服地区居民中的年轻力壮者则被

▼印加人创造了独特的文化

▲通过轮流抽调壮劳力的米塔制劳役形式来完成公共工程的兴建

选出来从事某些特殊劳役，他们处于奴隶或半奴隶地位。

印加人的一个最大的功绩就在于他们能够有效地动员和组织帝国劳动力加入军队进行征服战，或者进入官员阶层，或者作为统治者阶层的侍从。不过，更为伟大和长远的是设计和执行一些用于增加产量和改良资源管理的建设性方案。印加人所使用的大部分技术都来自于几个世纪之前的那些创新的改进，但是印加人在一些现有的技术中融入了他们自己的组织技能，将技术改进和发展，因此产生了一系列非凡的公共建设工程。因此有人认为尽管印加帝国还保留有许多氏族制残余，但已进入早期奴隶制社会。

印加的多种管理制度

印加帝国是一个复杂的混合体，在统治者的绝对统治之下却没有保持统一性。是由几百个，或几十个不同的政治集团、种族，甚至是操不同方言的部族所组成。为了维持帝国的统一，印加帝国所做的一个计划方案就是在帝国使用统一的组织和管理模式。但是一直到 1532 年都还远没有完成，而且管理模式在帝国的一个部分和另一个部分之间大为不同。在帝国的某些地方，来自库斯科的印加领袖人物能直接统治当地居民；在帝国的其他地方，帝国的领导方案则从未实行过，取而代之的是间接统治的盛行。

印加帝国还建立了严厉的司法制度，用来维护奴隶主阶级的利益。为了巩固自己的统治，印加王还采取了一些文化和经济措施。当涉及对边远地区的统治的时候，无疑军事威胁总是重要角色。例如，对于那些刚被征服的地区，强行推广克丘亚语。再者，在全国大兴道路和房屋建设，以库斯科为中心，修建了条条道路通京城的交通网，以利于对边远地区的控制。

印加王还推行了有效的意识形态和文化渗透体系，如派遣使者、迁移部落等措施加速了克丘亚语的传播。印加文化每到一地都融合了当地的特征。随着语言的传播、推行领主制、文化模式和经济制度，印加国王逐步巩固了自己的统治。

▲一座全副武装作蹲状的印加战士陶器

卓越非凡的桥梁建筑

▲沟壑之上悬空建筑

印加的道路四通八达，当道路延伸至深沟险壑处时，就需要一种悬空的连接装置，吊桥作为首选的沟壑间的连通建筑，被广泛应用。吊桥和缆车可以将沟壑两侧的道路连接起来。

惊人的桥梁建造

印加人所处的时代生产技术水平和科技水平都比较低下，因为他们完全不知道钢筋和混凝土为何物，更没有掌握流行于欧洲的拱券技术，所以他们无法超越时代的局限而建造大跨度的拱形桥梁。但是他们却利用最简单最廉价而又耐用的材料，以他们独特的造桥方法，建造出了一种最为简便而实用的吊桥，这可以说是印加桥梁工程的卓越成就。当年西班牙入侵者发现这些吊桥之后万分惊讶，他们完全无法想象，用这样的材料和方法竟然可以建造出如此奇特的桥梁。而且印加人建桥的速度也令他们非常吃惊。

根据一位名叫桑邱的西班牙人的记载，当年，一名建造吊桥的专家指挥一支印加军队建造一座吊桥只花了 20 天时间。吊桥多数并不是由军队来建造的，而是由一群来自不同社群的当地人组成的建桥队伍担任造桥工程工作，他们各自负责所居住区域内吊桥的建造和重建。

古印加桥梁的建造工艺

建桥并不是一项一劳永逸的工作，因为建造吊桥所使用的材料是一种植物的茎。植物的寿命自然不会太长，所以重建是一项经常性的工作，大约 1 年时间就需要将吊桥破坏掉，再重建一次。重建之前他们需要做一些准备工作。首先，他们要去山野中采集一种名叫“达雅草”的植物，将它们的茎晒干，然后，妇女们便将这些经过筛选的干茎放在手掌间进行揉搓和编织，妇女们编成的绳索都符合一个统一的标准：约手指粗细，50 米长。

绳索编好之后的工作需要很大的力气，只得由男人们来完成。男人们将 24 根这样的绳索编织成一根粗壮的缆绳，这些绳索非常结实。缆绳的编织一般一次完成 3 根。这样，一直到建桥所需的缆绳数量达到要求，建桥的工作便开始了。

▲叫做“香蒲”的植物也可以用来制作成船或房屋

吊桥的建造全过程

男人们将缆绳搬至需要建造吊桥的峡谷断层边，然后将一根用于牵引的绳索系在缆绳的一端，由一名善于攀爬的壮汉从这一岸下到谷底，再沿峭壁爬到对岸，将缆绳固定在早已建好的石墩上。然后两岸的人都用力拉紧绳索，使绳索垂下的部分被渐渐拉平，直至完全符合要求。然后再将缆绳的两端分别缠绕固定在两岸墩座后边的石柱之上，这样，一根缆绳的安装就算完成了。

一般情况下使用 5 ~ 6 根这样的缆绳便组成了桥面的雏形。2 根稍细的缆绳作为扶手被固定在桥面上方 1 米多高的位置。之后，建桥能手们将木板铺在作为桥面基础的 3 ~ 4 根缆绳上，并将一块块的木板与缆绳捆绑固定在一起。这道工序完成后，还要用较细的绳索将左右两根作为扶手的缆绳与桥面外侧的两根缆绳分别连接起来，密密地编织成网状的护栏，于是，一条条单股的缆绳就被连接成一个牢固的整体，形成一个 U 字形的空中通道。

为了使行走更加平稳舒适，最后在桥面之上平铺一层草席，另外一些地段的路面可能铺的是玉米叶、石子和土的混合物，牢固且耐风吹雨打。这样，一座吊桥就架设成功了。实际上印加吊桥的架设方法和形状都很像横跨在中国大渡河上的泸定桥，只不过泸定桥采用的是铁索而不是草绳。在所有印加吊桥中最为著名的要数横跨于古都库斯科附近阿普里马克峡谷上的一座，它跨越 45 米的峡谷，高悬在急流奔涌的河谷之上 35 米的空中，看上去蔚为壮观。

印加帝国的两条主干线一条在海岸沿线，一条在高原之上。它们穿越帝国，是由无数的道路、桥梁在其间相连，这些道路、桥梁的工程技术是杰出的，使帝国的交通、通信变得异常发达，也将帝国境内的所有城镇连成一体。

▼带有古老印加风情的木桥

第六章

秘鲁：南美多元文化的集散地

在秘鲁，大自然赋予了这里多样的地貌、气候和生态系统，由此形成了多个种族、多种语言并存的局面。正由于这些原因，查文文化、帕拉卡斯文化、比库斯文化等在这里争奇斗妍、自由发展。从而在这个被称为“玉米之仓”的土地上形成了南美洲独特的多元文化带。

迷宫一样的查文多室神庙

在秘鲁境内的安第斯山区，位于安第斯世界中央高原的西北端的查文，最早的文明是查文文化。查文文化是世界上伟大的早期文明之一，产生于公元前 1000—前 900 年前后，大致在中国的西周中期，同期正是中美洲奥尔梅克文明的鼎盛阶段。与美索不达米亚的苏美尔文化、中美洲的奥尔梅克文化和中国的殷商文化并驾齐驱。

查文人因他们在查文·德·万塔的主要聚居地而得名，在那里发现了一个令人印象深刻的多室神庙。查文·德·万塔及其多室神庙的建造时间不会晚于公元前 800 年。到了公元前 500 年，这里已经成为边远地区以及河谷居民的朝圣之地。

查文·德·万塔神庙村落遗址被发掘以后，人们发现，查文考古遗址中的建筑物，包括一系列石头建造的宗教建筑，是一些附加建筑和改建后建筑的综合体，也被人们称为老庙和新庙。老庙广场的中心是一个圆，而新庙广场的中心则是正方形。它包括 3 个相互联结的土墩，形成 U 字形结构，这个 U 字形结构正好围绕着一块凹陷的圆形广场。北部的土墩高 14 米，中部的土墩高 11 米，南部的土墩高 16 米。庙宇下面有四通八达的、像迷宫一样的狭窄通道和无数房间（人称画廊）。神庙有石构廊庑曲折穿越。

遗址多为宗教祭祀中心。有些石像是刻在巨石上直接砌到墙里的，典型神像是犬齿外露、须发如蛇的美洲虎神，形象诡秘多变。“画廊”里的地上满是遗留下来的作为贡品的陶器，有马蹬壶、敞口碗等陶器和耳坠、镯子等金属饰物。该文化是日后南美安第

▲昔日辉煌的查文·德·万塔古城在经历了千年的风雨洗礼后，现已面目全非，成为一片废墟

▲用大石块和大小各异的石像建成老庙

斯山区各古代文明的渊源。

查文·德·万塔神庙的主要魅力在于其令人惊叹的宏伟建筑以及高超的雕刻艺术。通向新广场的巨型石梯的一面是闪闪发光的白色长石，一面是黑色的石灰岩，寓示着两种对立因素——白天和夜晚、黑暗与光明的共存。神庙里蜂窝状地分布着一个个藏有拜祭神像的房间。拜祭的对象之一是“大神像”，它是一个神的石雕像，有着呈咆哮状的嘴和可怕的尖牙。今天在神庙中还能见到这个高4.5米的雕像。另一个受拜祭的对象——权杖神，是一个有着长尖牙的猫一样的动物。查文人曾在多室神庙的正式入口拜祭他们的动物神。

查文·德·万塔神庙的外部建筑反映出一种平衡的思想，但其内部像迷宫一样的黑暗，通道和地下室却似乎是在有意迷惑对这里不熟悉的人。旧殿的中心是在放有“兰藏”雕像，高达13.7米的穹顶内室。在内室中心是面向东方的“微笑之神”，它好像是一个连接天空、大地和冥界的轴心，从地面直抵内室的顶棚。

神庙的建造者们为了给暗室和暗道提供新鲜空气，用石头搭建了精密的通风管道，各个房间彼此相通，并与外界相连。他们还设计了一种平行沟渠系统，从表面上看是为了排走雨水的管道，实际上却另有用途，那就是使神庙产生轰鸣的效果。

有研究者认为，这个管道系统的工作原理可能是这样的：一条地下沟渠把水从远处的瓦切克撒河引到殿顶，河水随即流入殿内的排水系统，并顺着一条垂直管道进入地下用石头砌成的排水道。由于排水管道非常狭窄，弯处又多，水在里面快速流过时便会发出很大的声音。

▶制作的工艺品也大多来自动物

当水声通过互相平行的通风管道传至四壁光滑、长宽高均为声波波长倍数的暗室中时，声音就被放大，形成一种阴森恐怖的怪声。而外形如扩音器的“兰藏”实则将神的这种恐怖声音进一步放大，同时祭司可以通过开关不同的通风孔来调节声音的音调和方向，就像调整一只大型喇叭的活塞一样。

约在公元前200年时，生活在安第斯山脉的其他民族逐渐产生了自己的文化。他们彼此的生活方式不同，不愿意再接受查文人的统治。此后的查文人也不再统治各民族，但他们的神庙建筑具有深远的影响，为后来南美地区统治地位奠定了基础。

永久性的建筑和雕塑

与奥尔梅克文明同样，查文文明最有特色的象征性主题是一种介于美洲虎（在秘鲁或许是美洲狮）和人之间的怪物。这两个文明都同样具有这种猫科动物的艺术主题，两者显然是彼此独立地脱离了核心美洲文化的“形成阶段”。

有人认为，当时的查文文化是受周围环境影响，尤其是山脉东部的茂密的丛林的影响。丛林中的动物在查文文化中十分普遍，美洲豹、蛇、凯门鳄（一种短吻鳄）等都频繁出现。所以，在查文的浮雕中，动物常和人类形象结合在一起形成半人半兽的怪物。比如查文·德·万塔庙宇，建筑的门楣一般采用两根柱子来支撑，楣上刻着一排站着的鸟儿，上面的方砖檐口上刻有浮雕，柱子上也刻着浮雕人像、鸟头、鸟翅、尖牙和利爪。并且一块著名的方尖碑上刻有鳄鱼形象，还装饰着眼睛和尖牙。

▲一尊作为瓶盖的神像上装饰有绿嘴鹍造型

查文人崇拜的神被后来的文化所采纳。用陶木、石、贝壳、银和金制作的手工艺品，都装饰着查文神像。查文石板雕刻中，有块刻有美洲虎形象的石板极为著名，而另一块最为令人费解的是出土于查文·德·万塔尔文化遗址的兰藏独石柱（即立碑）。这块石柱高达 4.5 米，呈现出两面略宽而一面颇窄的锐角三角形，其形如刀—石柱之名的本义也正是“上天之刀”的意思。通体用白色花岗岩雕成，底部埋藏于查文·德·万塔神庙的地基内，顶端直达庙顶。

▲查文人的手工艺品

在这块独巨石上刻着线性的浅浮雕，刻有一只

▲在查文文化的雕刻中既包括龙、鳄鱼、猫科动物或蛇及美洲豹

猫口犬牙、大眼、长着獠牙的嘴、头上爬满了蛇，但手脚似人形的生物，目露凶光，既狰狞又威灵。这个生物带有明显的猫科动物的特征，有人认为，这种东西上可通天堂，下可接地狱，它可能是某种神谕物，也可能是一种发源于亚马孙的宗教崇拜。在艺术手法上，此作造型奇特，不仅运用了流畅灵动的线和深浅有序的面，尤其对柱身作了恰到好处的处理，从而取得威严而残暴、神异而犀利的效果，使人信服这是一件绝非凡间的“神物”。在16世纪欧洲侵略者抵达美洲之前，近代的印加人仍崇拜这些神。有的学者根据大鳄鱼、美洲虎和热带植物这些与高地环境没有任何联系的形象，推断神庙是由从亚马孙迁徙过来的人们建造的。

人们猜测，这座神庙实际上是围绕这座雕像修建的，因此它在这个遗址上或许是矗立在原来地点上的唯一的一座石雕。而查文遗址最重要的石刻可能是一个作于公元前400年左右、戴着精美头巾的人像，人像的双臂垂在身旁，双手各握着一根节杖。这种人称“节杖神”的雕刻还以略微不同的形状出现在蒂瓦纳科和瓦里。

查文文明的外在明显标志是永久性的建筑和雕塑，它们与奥尔梅克文明中的建筑与雕塑一样，也是一种宗教的物质表现。所有这些与震慑性的雕刻艺术、威严的门神和代表“征服”自然力量的凶猛野兽，都可以被理解为一种发展国家的上层建筑的表现，是神权政治成熟的重要特征。

▼只有国王才能佩戴的项圈

风格迥异的艺术品

公元前1250—前850年，查文文化出现。通过艺术形式，文化向统一迈出了第一步，这种文化被称作“早期文化极盛期”。查文文化是以农业经济为基础，处于从原始公社向奴隶社会过渡的阶段。陶器工艺在这一时期已呈初步兴盛态势。

形态逼真的查文陶器

查文陶器以一种富有特色的马镫形壶罐和敞口的杯盘为特点，在秘鲁北部沿海的查文陶器，常被称作库皮斯尼克风格，其蹬形壶的壶口设计渐渐变细，并在陶坯上刷一层红色陶衣，烧成后再以黑色作各种纹样的装饰，尤以前者为典型标志。陶器大致以白、黄、红、棕、黑为底，再施以或简约或富丽的颜色为饰，而且往往是绘与塑相结合，既有美丽的图案，又有奇特的造型。图案纹样，以变化无穷的几何形态而引人入胜；即使杂以花草鸟兽和人物，也都作了风格化和几何化的处理，非常饶有趣味，而且与抽象图案形成和谐完美的整体。

▲查文人制作的带有马镫形提手的猴状陶器

马镫壶罐的造型是五花八门，形形色色，在每一类中，又有千变万化的创意。植物类常以蔬果为表现对象，而玉米、南瓜尤其受到重视。有一只“玉米壶”，是一株二实的圆塑。另一只“玉米罐”则是罐身布满去皮的玉米棒子，以精美别致的浮雕形态出现。动物类又分鸟兽鱼虫，有二枭并立，有三蛙相叠，有蛇的盘绕，有豹的发威，形状之朴拙，情态之生动，都充分反映出当初陶工们的匠心和意趣。人物类中，有群体出现，或渔耕，或宴乐；有个人出现，也往往是在日常生活的景象之中；还有以一肢一节出现，或是具备鲜明肖像特点的头像，或是跷起的足和握拳的手；至于表现性生活的双偶，更是花样百出，反映出古代南美印第安人在人类生命延续大事上所持的开放而又不免轻狂的游戏态度。

▼马镫壶罐的造型

查文陶器所表现的主题大都是猫科动物图案。在美洲，美洲虎是人与自然诸神、天神和地神之间的中间人，这些神灵往往具有这种猫科动物的习性。在关于美洲虎的神话中，太阳神把太阳和黄金的颜色赋予了这些猫科动物，使它们成为自己在人世间的代表，它们那雷鸣般的吼声也是太阳的声音。因此，美洲虎成为王权与神权的象征，出现在南美印第安人日用器皿上，猫科动物图案是长久不衰的主题。

秘鲁古陶如此博大，如此丰富，又如此独特，种种彩陶器物与建筑类中，同样是别出心裁，虽不乏作礼器之用，但绝大多数只是民间的日常用物。正因为是民间之物，才会有来之生活的无穷灵感。查文文化的传播是通过宗教信仰实现的。带有强烈宗教意味的陶器、精致的黄金饰物以及精美的纺织品显然都是查文文化精神传播的媒介。

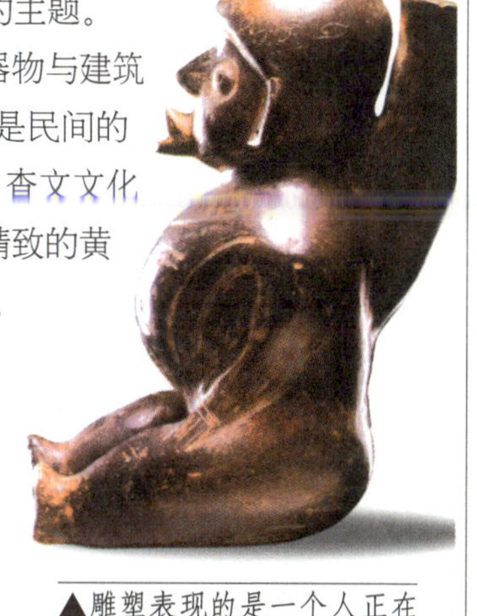
▲雕塑表现的是一个人正在生气的样子

制作精美的莫奇陶制品

让后世的考古学家们更为惊叹的是在秘鲁北部莫奇卡文化圈内出土的陶制品。莫奇人虽然没有成形的文字，但却以特殊的方式留下了他们的信息，这就是他们的陶器。他们是制造陶器的高手，也可以说陶器是莫奇文化的精髓。莫奇人用陶器创造了他们的历史，他们遗留下来的陶器也让我们认识了这个神秘的民族。

莫奇人陶刻陶器的技巧在古代秘鲁举世无双。从莫奇陵墓中出土的那些琳琅满目、千奇百怪的陶器，每一件都淋漓尽致地展示了当时人们的生活、习俗、活动以及植物、动物、建筑等等。陶器上有的绘有精美的宗教和政治仪典的场面。其他器皿则被制成人和动物的形状，上面的彩绘反映了莫奇人生活的方方面面。其中就出土了一个随军祭司的形象，头上是两个盘着的羽蛇，旁边是羊驼，古代美洲没有马，羊驼就是安第斯地区的坐骑。

另一种精美的实用陶器是“陶制肖像”，人头状的坛子，曾被深埋在墓穴之中，人像的脸部特征刻画得十分细致清晰，它们可能就是莫奇人的真实写照，而且多半是他们领袖的头像，其拥有者曾经是莫奇社会的实权人物。这些陶器中，有的是从很远的地方带来的，说明查文当时是一个祭拜中心。他们另一种出名的陶器就是所谓色情陶器，但有人认为，这些陶器是为了某种宗教目的而非生殖或色情目的。莫奇卡的陶艺水平显示了莫奇卡人高超的技艺，代表着整个美洲的巅峰。除陶器外，莫奇人也善于制作金银饰品，用来装饰历代国王的生活器具和墓葬。

▲象征战争的动物——美洲虎、鹰、蛇以及血腥的祭祀场面都被用于陶器上

同时期发展的各地陶艺

与此同时，发展于公元前100—600年的秘鲁北部山区的利库艾文化，陶器制作是其文化突出的艺术之一；黏土质量上乘；温度控制得当。石雕艺术在利库艾文化中也尤为突出，是其文化的最主要艺术之一。第二次文化极

▲残缺不全的陶制品

▼美洲驼马状的饰品和金项链

盛期出现的瓦丽文化，其制陶业可分为两个阶段：第一阶段，主要以制作多色和仪式用的制陶及大的器皿为主；第二阶段，主要以制作多色，表现人形的大陶罐为主。卡哈马哈陶器的主要特点是它的持续性和统一风格，展现出一种持续的发展，一个长期生存于外来分裂因素的民族的整体性。

▲帕拉卡斯的金制面具饰品

随后又出现了奇穆文化，奇穆人的制陶、冶金和纺织业的成就也很突出。他们制作的陶器，从形态上看，最突出的特点是双体球形瓶，瓶体周围装饰有动物或果实图形。瓶体的装饰多为浮雕和印花。由于陶器在封闭的窑内烧制，经烟熏后瓶体呈黑色。

▼查文人的手工艺品

秘鲁的历史进程在不断前进，随之产生的一些文化也在这时兴起，其中包括羌凯文化，它的兴盛时期为公元1100—1400年之间，墓穴中出土的随葬陶器属于社会发展中的两个不同时期。较古老的陶器属于第一时期，产生于瓦丽统治时代；绘有三色几何图形的是第二时期的陶器，做工比较粗糙，图案模糊，颜色为白、乳白、棕色。然而，第二时期的陶器极具代表性，即被称为“古企米科”的陶俑，这些陶俑表现为裸体男子或女子的形象，腿部并拢，双臂很短，向两边展开。

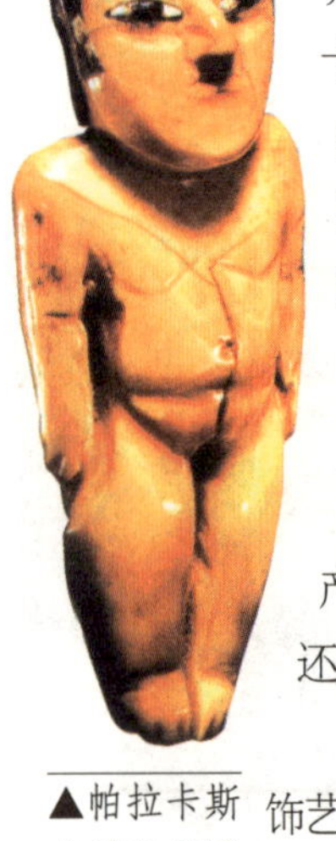

▲帕拉卡斯人用鲸牙雕刻的人像

在秘鲁南部沿海地区，随着查文文化的发展，帕拉卡斯文化也发展了丰富的陶艺和纺织传统。是在一个被称为“洞穴”的集体墓地及内戈罗波利斯墓地中发现了帕拉卡斯文化的足迹。“洞穴”陶器颜色灰暗，在亚光，晦涩的颜色之上突出多种色彩。这种用树脂粘上的颜色在黏土未干时再用锋利的器械切开陶器表面注入颜色，之后被送入指定的陶器烤场。墓地的陶器主要表现蔬菜的形状，呈单色，并没有任何装饰。但在黏土的质量、透明度及烧制的精细程度上已经达到了一定水平。

在查文文化发展阶段，安第斯世界已经掌握了冶金术，它在后来的“实验”阶段和“开花”阶段继续得到发展，但材料仍然仅限于黄金，产品只是装饰品，并不是工具或武器。制作金器的方法是锻打而不是浇铸，还没有开始制作银器和铜器。

随着各地区之间的频繁交往，各地区的文化没有受到很大影响，其陶器装饰艺术经历了很大的变革，这种变化不是意味着传统技术及制作方式的消失，而是被同化为一种崭新的、赋有生机的陶器文化，并影响着邻近地区的文化发展。

神秘的崇拜

古代秘鲁印第安人信仰多种多神论和泛神论的宗教。根据印第安人的信仰，太阳、月亮、闪电和高山等自然现象都是其膜拜的对象。每一个部落有自己的神灵，并为他们建造庙宇。

▲镀金饰品的中间是一个神灵的形象

据考古学家发现证明，早在印加帝国出现前1 000年，一支名为莫切人的印第安人就已经在秘鲁创立国家，建立了发达程度绝不亚于后来三大印第安文明的莫切文明。莫切人的社会等级森严。处于最顶端的是国王，他和古埃及法老一样，被认为是神的化身。接下来是祭司，他们是社会的特权阶级。处于最底层的是农民、渔民和手工业者。

神庙的周围则是居民住宅，社会等级越高的阶层，住得离金字塔越近。最远处则是农舍，和他们的田地紧挨在一起。莫切人为自己的农田建设了完善的灌溉系统。除了种地，他们还通过捕鱼来获得食物。为了祈求风调雨顺，莫切人以活人来祭祀阿伊·阿帕埃克神。首供品被祭司们杀死，祭司们要喝下失败者的鲜血，以此象征着雨水润泽大地。他们用活人献祭的宗教习惯在随后印加人、玛雅人和阿兹特克人的文明中都保留了下来。

▼莫切文明共持续了近850年后逐渐消亡

当欧洲人向北美进行探查和殖民侵略之时，印第安人尚处于以石器为主的粗放农业和渔猎采集时代，其文化呈停滞状态。就宗教信仰而言，仍处于原始神灵崇拜阶段。他们的社会生活充满浓厚的宗教色彩，从狩猎、战争、收割到治病、儿童成年，无不伴有宗教仪式。宗教和狩猎、作战一道成为大部分印第安人生活方式的主要内容。

在印第安人的观念中，自然万物都具备神性，对太阳、大地以及各种与其谋生方式相关的神灵的崇拜，构成宗教仪式的核心。他们最重要的神祇是造物主维拉科查和大地女神圣母帕查。传说这位众神之王的“雨神”形象是穿长袍持杖的大胡子男子。他在的的喀喀湖上创造了日月，教会人们文明的技能。最后他向西跨越太平洋，并许诺有一天还会再回来。

宗教仪式同样在纳斯卡人的生活中占有极其重要的地位，从大量的宗教祭祀仪式用礼服残片复原后可以看出，其中绝大部分礼服是妇女穿的，其样式朴素而不失庄重。由此可以推断，女性在等级森严的纳斯卡社会中属于“上流社会”的成员，女性在纳斯卡社会具有极高的地位。

西班牙人的入侵为秘鲁带来了新的宗教信仰，他们向土著人灌输罗马天主教，建立了上百所教堂，为每一个村庄确立守护圣徒，举行宗教节日。宗教情感是建立在虚幻的、非真实的认识基础上的，具有非理性特点，用人类的知识和理性，无法对它进行验证。随着查文文化的衰落，新的技术和艺术形式出现，它们巩固了宗教文化，新教的势力在贫苦农民之间的影响逐渐扩大，秘鲁政府奉行宗教信仰自由的政策，遂使文明向中早期阶段迈进了一步。查文文化为安第斯山区长久以来虚无缥缈的历史提供了有力的证明，同时也以种种不同的方式诠释自己。

宗教信仰中的如痴如狂的崇拜，义无反顾的献身，惊心动魄的自残行为，都具有今世和来世两种思想，并将金银与神圣联系在一起，宗教崇拜也往往是与个人的生活目的、人生的价值等道德观念直接相联，从而在历史上留下了深深的印迹。

▲他的穿着显示了其显赫的社会地位

埋藏千年的神秘太阳城——昌昌

▲昌昌古城的庞大建筑遗址

秘鲁西北部太平洋沿岸拉利伯塔德省特鲁希略城西北4公里的沙漠地区，在印加帝国建立之前，在秘鲁的北部海岸莫奇河谷，就有了一座巨大而繁华的城市，这也是西班牙人到来前南美洲最大的城市，这座城市就是契穆王国的首都——昌昌古城。

昌昌，契穆语为“太阳、太阳”。关于昌昌城的建立，传说有个名叫内依姆拉普的人，从海上到达此地，建立起了一座城市，此后他又往西去了。又传说这座城与一条龙有关，而这条龙则创造了太阳与月亮。这种种传说都未能给契穆帝国的研究工作提供有价值的线索，不过我们可以清晰地看出，契穆帝国具有发展社会团体的强烈意识。

昌昌古城全城占地约36平方公里，中心地带6.5平方公里，包括10个长方形的城堡。每个城堡平均长约400米，宽约200米，城堡四周有高9～12米的围墙，最高的可达15米，墙基厚3米，在14世纪之前最为繁荣。早在哥伦布1493年到达美洲时，昌昌就早已被废弃。欧洲人来到这里时，看到的只是一座被人遗弃的空城。

▼阿纳萨齐人遗址

昌昌古城完全由土砖建造而成，中心地区由9个各自独立的长方形城堡组成。是世界上最大的土城遗址，也是南美建筑中的杰作。城墙和房屋是用黏土、沙砾和贝壳粉末建成，极为牢固。在城内许多房屋的墙壁上都装饰有壁画，题材多取自于生活中常见的树木、鸟兽、虫鱼等。很多墙上还饰有

▲渔猎是契穆人的主要生产活动

以捕鱼为内容的浮雕。诸如人类捕鱼，鱼鹰、水鸟逮鱼的构图，随处可见。由此可以看出，鱼是当时人们主要的食物之一。城堡内还有金字塔形神庙、宫殿、民居、庭院、墓地、蓄水池等。由于大自然的侵蚀和盗宝者的破坏，加之暴雨和洪水的威胁，使这座举世闻名的古城岌岌可危。

昌昌城的中心部分是庙宇般的查珠第城堡，这只是昌昌城内十来个分散的建筑群中的一个，还有一个至今保存特别完好的议事厅。议事厅由24个座席围着矩形庭院的土墙，看上去很像是个进行辩论的会议厅。此厅内部传声效果不同寻常，坐在不同座位上的人哪怕用低声轻轻说话，都能被听得很清楚(这种传声效果,至今仍能得以体现)。

在10个城堡的西侧和南侧发现了4个手工业区。手工制造业似乎主要有木器加工业、纺织业和金银制作业。在古城中,也出土有铜器、金银器、陶器、织布机、纺织品等。城堡北面有一狭小入口，堡内以高墙分为北中南三部分。北入口处为一略呈方形的大院，两侧是厨房和一些小院落，南侧有许多土坯房屋，有的墙上有浅浮雕的鸟、鱼、旋涡纹、格子纹等图案。中部近入口处也是一个小院，周围有一些小院落，还有一些小房间，可能是贮藏室。另有一个巨大的陵墓。一般居民则住在城堡之外，这些城堡大概是统治者及其亲随的生活区。

在城中一些重要的建筑物上，有饰有金箔嵌在泥土墙面上的装饰图案。可惜的是那些最珍贵的东西已流失多年。城内设有非常复杂而有效的水道系统，从供水设施来判断，当时在这座城里的居民有5万～10万人之多。其中有一条长达80多公里的水道用来供应城内的食用水。这座古城非常壮观。其城市布局被严格地分为几个等级，反映出了一种严谨的社会观念，当时的契穆人似乎已经有了比较细致的社会等级制度。

作为世界上最大的土城，昌昌古城中，不论城墙或是房屋，一律不见石头，全部

▼昌昌古城的周围建筑的土围墙

▲用不同的土砖建造的主要建筑群

用土坯垒成。土坯有大有小，依不同建筑物而定，砌得“天衣无缝”。土坯常以品字形逐层砌造，以防地震的破坏。当年的契穆人在建造这座土城时，其土坯是用黏土、贝壳、沙砾磨成细粉，混合掺水成型，以火焙烧制成，成品呈紫红色，坚牢度不亚于现代混凝土。再加上当地气候干燥，几乎终年无雨，才使得这些土坯建筑经受住了几百年的风吹雨淋。

▼昌昌城里的各种建筑物

这个曾是拉丁美洲最大的城市的规划，反映了其严格的政治和社会策略。

16 世纪西班牙殖民统治者来到了这里，大肆地掠夺使得昌昌古城遭到毁灭性的破坏，繁华的昌昌变成了一片荒漠。当已被岁月和沙石所湮没的昌昌古城再次被发现，不但让世人领略到了秘鲁的契穆王国在建筑史上的辉煌成就，而且又给秘鲁的文明世界披上了一层神秘的面纱。

大地上的巨幅线条图

纳斯卡位于秘鲁海岸的高原，在这片干涸、荒凉的不毛之地上，分布着一些卵石和碎石块堆成的长垄。这些石头垄堆有的是长长的一条直线，有的却莫名其妙地拐了弯，千百年来就存在于这片荒凉而贫瘠的高原台地之上。纽约的科研人员在一次利用飞机进行水利工程勘测时，偶然发现了在纳斯卡高原上出现了一些无比巨大的线条图画，原来，那些无比巨大的图画是一些用碎石块砌成的垄堆！后来，人们把纳斯卡高原上的这些线条，称为“纳斯卡地画”。

▲空中俯瞰的纳斯卡地画图形

纳斯卡镇南部的整个谷地布满了深度约为0.9米而宽度不一的“沟槽”，占地约500平方公里，是在黑褐色地表石头上，向下刻凿10厘米，沟槽有的宽达数米，有的不超过0.15米。使之露出黄白色的沙土形成浅浅的沟槽，以组成图形，颇似单线勾勒的白描画。这些沟槽的形状和走向组成了许多抽象的图形。地画之所以历经几百年而没有被风沙侵蚀掉，是由于在地画图形上，堆砌了起阻碍激烈的温差与风蚀作用的小石块。

从飞机上俯瞰纳斯卡高原，可以看到荒原上的线条绵延数公里，跨越了山谷和低矮的丘陵。有些以一定中心向外辐射，有些连在一起，而大部分线条呈笔直而有规则的几何图形。在纳斯卡高原上可以辨认出的形状各异的巨大图形达数百个。有三角形、不规则四边形、长方形、方格，平行或交叉的线条以及各种莫名其妙的奇异图形。有的笔直的平行线很像飞机的跑道，有的是交叉线、锯齿线、回旋纹等，还有众多的飞禽走兽、鸟类动物和植物的图形。

纳斯卡高原上的地画，几乎每一幅都称得上既规模宏大又精致严谨，而且全都是使用难度极大的“一笔画”的方法制作出来：一根连绵不断的线条，小心翼翼地描绘出一个个精确的轮廓。最引人注目的要数那些动物图形。其中鸟类图形共有18个。

▲出土的印加人陶器上也出现了线条形状的绘画

著名的蜂鸟图长达50米，其形态与出土的古代纳斯卡陶器上的蜂鸟图非常相似，可见蜂鸟是古代纳斯卡居民特别喜爱的艺术主题之一。但仅从面积上看，蜂鸟图形还远远不是最大的。另一幅兀鹰图形长达135米，展翼宽达128米。一条3.7英里长的太阳准线，从巨大的鸟翼上穿过，可以说这里是世界上最大的飞鸟图画。

▲由一连串谜样的几何图形构成的猴子

但最大的还要数一幅蜥蜴图，它的身体竟然达到将近200米，从皮斯科南下的泛美公路穿过这里，把它的尾巴切成了两半。还有很多奇异的动物巨画，蜘蛛图就是纳斯卡最耐人寻味的图形之一。

纳斯卡巨画上的蜘蛛长达46米，它并非产于纳斯卡当地的蜘蛛，而是一种罕见的“节腹目”蜘蛛。它只生存在亚马孙河流域最偏远、最隐秘的森林中。图画十分准确地勾勒出了蜘蛛的体形，特别是它右脚末端长长的接交器。奇怪的是远古的纳斯卡人为什么要画一只产于千里之外的蜘蛛呢？曾有人认为它可能是某个部落的图腾，也可能与预卜未来的仪式有关。据专家们计算，从作画的技术上考虑，每砌成一条线条，就要搬运好几吨重的卵石。而图案中的线条的位置又必须精确无误，因此制作者们绝不可能直接在地面上凭空凿出沟槽并堆砌卵石，而必须依照事先精心设计好的图纸进行施工。

专家们对一幅画面上残留的木桩进行碳14测定，确定纳斯卡地画制作的年代为公元前后至公元600年，纳斯卡地画制作的年代最少也有1 400～2 300年的历史。实际上，它们可能比这年代更为古老。又有人认为纳斯卡线条是一条条的道路，而那些放射形图案，主要集中于雨水流入大草原边缘的河谷的地方。更有人认为这些巨画实际上是一个巨大的历法图。而当地的土著居民，对这些高深的天文学知识并不理解。要说他们早在近2 000年前就创造出了这些他们至今仍不理解的作品，实在是无法令人相信。

纳斯卡地画的发现带给世人极大的震惊，种种关于纳斯卡地画的假象都是人们的凭空想象，没有事实依据可考。有关纳斯卡地画的作者及具体时代均无法考证，如何制成至今仍是一个未解之谜。

▲纳斯卡人在冶金方面也制作出技术含量较高的作品

第七章

阿兹特克：繁荣而又血腥的拉美帝国

阿兹特克，古代墨西哥的文化舞台上最后出现的角色，创造了辉煌的阿兹特克文明。虽然他们的文明带有明显的玛雅文明的痕迹，但这个对太阳和血狂热崇拜的民族又是独特的、与众不同的，他们的艺术、文化都已有了较高水平的发展。14、15 世纪时，阿兹特克文明进入了全面辉煌时期。

谜一般的阿兹特克文明

古老文明的生活

阿兹特克的经济生活以农业为基础。土地所有制分公有与私有，村社的土地为公共所有，各家的父亲分得一片土地，终身耕种，死后交给村社；如果连续两年不耕种，村社就得收回。贵族的土地为私人所有，由土地所在的村社农民耕种，耕种技术很原始，没有耕畜，没有犁杖。阿兹特克在耕种时使用的是一种装有石刀片的长柄农具。

▲图为农民拿着长柄在播撒玉米种子

为了扩大种植面积，增加生产，他们在湖区采用两种方式造田：一是湖造田；二是挖沟造田。阿兹特克人称这两种造田方式为“奇南帕”。玉米是主要种植物，其次是瓜类、豆类植物和辣椒，还有生长在缺水干旱地区的龙舌兰。农业生产的产出率比较高，能将1 200多种植物加以分类。农业的高产在人口规模上得到体现，只有高量的产出才能养活数目众多的人口。

阿兹特克人也是精巧的手工艺匠人，能够制作精美的陶器、纺织品以及金银铜等各种器皿。精美绝伦的手工艺品不但供贵族赏用，而且也投放到市场上交换。阿兹特克人有着活跃的市场，首都特诺奇蒂特兰的市场尤其活跃，聚集了琳琅满目的物品。他们的手工业也发展到了一个很高的水平，各行各业活动在专门的街区，匠人们能制作出精美的武士头饰和盾牌，其他重要的行业有金银首饰、器皿制作等。

▼特诺奇蒂特兰最著名的行业是制羽业

经济发展和生存形态

特诺奇蒂特兰城是全“帝国”的商业中心，全国各地的商品都运往那里，城里生产的各种手工业品又流向全国各地。全城中有许多大小广场，均用作商品贸易场所，有当地的集市贸

▲阿兹特克人发明的耕作法使人工小岛和台地土壤肥沃

易和远距离贸易。商品来自“帝国”各地，各地商品在广场上分片集中摆摊，应有尽有，贸易十分活跃。产品除供应本地外，大部分销往全国各地。市场交流初期没有货币，主要是物物交换；后期逐渐有了一种大家都可以接受的一般等价物，有些地方是锡，有时也用珍贵的可可豆和装满金粉的鹅毛秆进行交换。商品经济较为发达的地方主要以金砂作为货币。

每隔5天，阿兹特克人便来到城北的市场进行交易，这个市场常常聚集起3万～5万人。从事商品贩运活动的商人形成了一个特殊的社会阶层，他们不光从事商业活动，还充当间谍，收集情报，向京师报告，在扩张领土的征服活动中又是先遣人员。

阿兹特克帝国各城市除了集市以外，还有固定的商店。它高度发达的社会生活，则让人们领略到了阿兹特克文明的另一种“高度智慧”。极盛时期的阿兹特克帝国，社会发展水平大约介于原始社会与早期奴隶社会之间。来往于帝国各地的商队，为经济流通

▼著名的墨西哥画家迭哥·里维拉创作的阿兹特克交易市场的热闹情景

起了中介作用。因此可以说，贸易和从事贸易活动的商人是“阿兹特克帝国”生存和发展的一大支援。

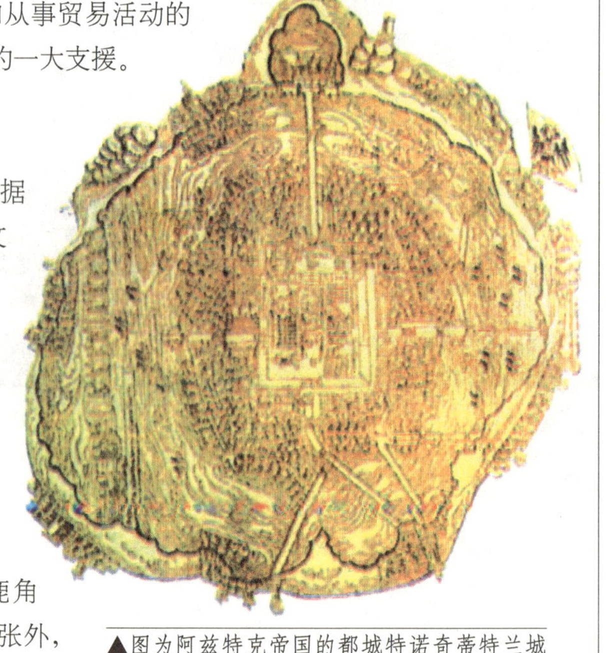

▲图为阿兹特克帝国的都城特诺奇蒂特兰城地图

阿兹特克人的成就

在文字方面，阿兹特克人则是依据玛雅人的文字体系创立了一种绘画文字，这种文字虽然没有发展到象形文字的阶段，但其中已经包含了一些象形文字的成分。阿兹特克人和其他地区的古代文明一样也创造了象形文字，他们还会造纸，用于书写，这样就为后人留下了很多古籍。文字有表意和象形两种，比如用火烧神庙来表示某个地方已被征服，用一只鹿角表示一只鹿。用于书写的材料除了纸张外，还大量应用鹿皮和棉布，也有书写在石头上的。阿兹特克人使用的计数法是二十进位法。这一方法普遍应用在他们的日常记账、交易买卖和税收登记方面。

在历法方面，阿兹特克人已经取得了较高的成就，阿兹特克人在迁徙和对外扩张的过程中不断学习和吸取其他印第

▼人们常携带着蜂蜜、香草、布匹、陶器和羽毛织物到市场上进行贸易

安文化的精华，以玛雅历法为基础创建了“太阳历”。即把一年分成18个月，365天；一个月20天，剩余的5天，闰年（每4年一个闰年）加一天。有一块重达24吨的“太阳历”石浮雕是阿兹特克最具代表性的文物珍品。它是用一整块玄武岩雕凿而成的“历石”，这就是举世闻名的阿兹特克石盘。石盘上雕刻着一系列同心圆，每一个圆圈都蕴涵着繁复的象征含义。其中央是太阳神形象，周围的4个图案代表阿兹特克人所认知的史前年代。

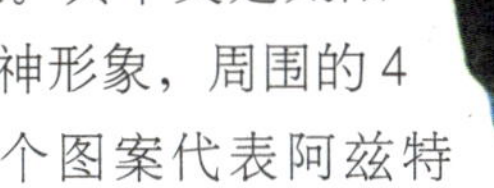

▼15世纪时阿兹特克人统治着墨西哥

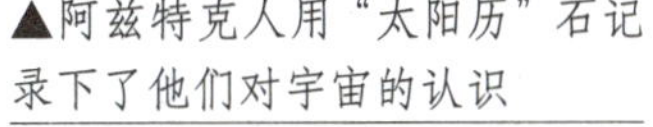

▲阿兹特克人用“太阳历”石记录下了他们对宇宙的认识

阿兹特克人还根据日月运行的规律和季节性的变化，相当精确地制定了“月亮历”，一年为13个月，260天；一个月也是20天。每52年，两种历法重合一次。

阿兹特克人的这两种历法在许多方面都有重要的作用：首先在农业方面，确定农耕季节，指导农业生产活动；其次在纪年方面，用于记录历史的发展和历史事件的发生；第三在祭祀方面，可以确定举行祭祀仪式的日期，指导人们的宗教节日活动。

在天文方面，阿兹特克人根据多年的观察，对天体的运行有一定程度的了解，记录了天体运行规律和天文现象。他们不但测算出了日食和月食发生的时间，而且还记录下了水星、土星、金星等一些肉眼可以观察到的行星的运动周期和轨迹。这些表明阿兹特克人具有很高的数学水平，拥有一套精确的计算方法。在医学方面，阿兹特克人已知晓许多草药的用途，例如利用奎宁治疗疟疾，还知

▼陶制的小乌龟造型乐器

道用“亚乌特利”的草药作麻醉剂，这一点只比中国晚300年，但比欧洲人却早了几百年的时间。

▲这幅手稿插图可能是阿兹特克人玩的一种带有历法意义的游戏

原始的阿兹特克社会形式

阿兹特克人的社会生活既表现出原始社会氏族公社的遗风，又表现出奴隶社会的若干特点。其氏族遗风主要表现在公有制的社会生活方面。在阿兹特克帝国，同一氏族的人居住在一起，共同劳动、共同生产、共同生活。有亲属关系的人们共同住在一起，并且由所有的族人推举出一个族长，每次聚餐时，男子在先，女子在后。

阿兹特克人尚武，非常重视军事组织，男子从15岁起就开始接受军事训练。每次打仗归来，都要举行论功行赏会，抓获战俘多者立大功，少者立小功，无者则受罚。阿兹特克人的首领由部族会议选出，权力很大，已经具备了阶级社会统治者的那种权力。阿兹特克人社会生活所具有的奴隶社会的一些特点主要表现在将俘虏、本部落的罪犯以及穷人赋予奴隶身份。男奴主要用来从事家务劳动，女奴则主要用来伺候主人。蒙特祖马一世在世时，共有1 000多个服侍他的女奴，而且他每顿饭要吃30多种菜肴，生活极其奢侈，由此可见阶级对立的现象已十分严重。

▼西班牙殖民强盗科泰斯对特诺奇蒂特兰城进行了大肆的破坏

虽说阿兹特克文明消失在历史的尘埃之中，但他们曾经有过高度发达的古代文明，而且他们为后世人类历史的发展所产生的巨大影响都是不可磨灭的，在墨西哥城市的街道上，还回荡着阿兹特克的影子。

狂热崇拜太阳与血的民族

▲阿兹特克神灵稳定的活人祭祀品来源之一是在战场上抓获俘虏

中世纪时代，墨西哥中央高原小国林立，各自为政，类似古希腊的城邦。后来其中一个部族阿兹特克依靠战争和外交，在不到1个世纪的时间内结束了分割局面，建成庞大的帝国。

据传说出于对神意的领会，在一只雄鹰停留在一棵仙人掌的地方，阿兹特克人建立了永久居留地——特诺奇蒂特兰。特诺奇蒂特兰全城呈正方形，主要街道又直又宽，许多都是一面临水，河道纵横可行小舟，运河两旁树木成行。宫殿华丽，庭院精巧，几座神庙富丽堂皇，尤其大神庙美轮美奂，四周有高耸的围墙，墙内有40座塔楼，最高一座台阶达50级。

▼石像身上穿着从死者脸上、躯干上、四肢上剥下的皮

阿兹特克人对时间存一种特殊的看法。起初是混沌未开，诸神在火前聚集，其中有一位神舍身向火扑去，变成了太阳，由此开始了人的纪元。时间轮替循环，周而复始。在这个纪元以前存在过4个太阳，也就是4个纪元，世界也曾经毁灭过4次。为了避免宇宙的灭亡，保证太阳天天从东方升起，阿兹特克人向神献出人体中最宝贵的东西——血。于是在祭祀中还有食人的习俗。

据史料记载，为了纪念特诺奇蒂特兰土神庙落成典礼，短短4天内杀死了8万左右人牲。准备献祭的都是战俘，从庙前广场四面八方排成长蛇阵，朝着中央祭台逶迤而去。主持祭礼的是国王和祭司，这是光荣的圣职。他们亲自动手剖开人牲的胸膛，趁他半死不活时掏出跳动的心，又把人一推，尸体滚下台阶，五脏六腑满地都是，风一吹，广场四处都是血腥膻味。

阿兹特克人以勇猛好战嗜血而闻名，战争对阿兹特克人来说，不仅是扩充领土、增加财富的手段，

▲特诺奇蒂特兰城统治着墨西哥的其他地区

也是他们俘虏“祭品”，以人血、人心祭神的途径。在战场上，阿兹特克战士用浸过盐水的棉衣当盔甲，头戴羽毛头饰，手持兽皮包裹的柳编盾牌，显得十分坚挺、威武。阿兹特克人的武器大多是木制的，他们没有铁器，但是他们用一种名为黑曜岩的光滑的火山岩制成枪头和刀片，他们也使用投石器、弓箭和用木制投射器发射的梭镖等。虽然他们没有常规军，但在遇到战争时，所有男子都必须弃农参战。

▼阿兹特克人拿人的心脏和血液祭祀太阳让它不断发光

据考古学家分析，当时的阿兹特克人打仗时，每当攻陷一座城市，首先要考虑的，就是擒获成千上万的俘虏。为此，在他们的士兵中，还有两种特殊的战士——雄鹰武士和美洲豹武士，他们分别身穿由该动物皮毛制成的战服，头戴鹰喙或豹爪头饰。这两种人在打仗时，肩负特殊的使命，其主要任务不是杀死敌人，而是尽可能多地包围并活捉敌人，多擒获一些战俘，并把那些战俘运到特诺奇蒂特兰城，以作为祭祀备用。

阿兹特克人总是把活人的心脏放入一个供奉用的罐子里，然后把它点燃后举向天空。他们相信这时会有一个精灵从天空降下，抓住那颗心脏的灵魂，送给太阳吃下去。他们认为只有这样，才能延缓世界末日的来临。他们相信宇宙是以“大循环”的方式运转。他们认为，自从创世纪以来，宇宙已经历过四个这样的循环周期，每个周期就是一个“太阳纪”。根据他们的说法，西班牙人入侵之时，正值人类进入“第五太阳纪”。

▲图为挖掘的阿兹特克现场

按照阿兹特克的传奇历法计算，在他们崇拜的羽蛇神魁扎尔科亚特尔52年一次的回归年之前，托西女神圣殿无端起火，湖里浊浪滚滚，一块巨石发声宣布蒙提祖马皇帝的末日，都被认为是不祥之兆。也正是在那一年，西班牙征服者利尔特斯率领一群冒险家军人，在墨西哥尤卡坦地区登陆，向西推进。而阿兹特克人看到这群白皮肤、大胡子、穿铁甲的怪物从羽蛇神当年消失的东方出现，骑着从未见过的骏马，伸手抛出一团火光，根本不知道遇到的是神，还是妖怪。

入侵者与原居民一旦兵戎相见，一切战争都是屠杀。欧洲人扩张与挤压，都是以武力为后盾，以传播基督教义为理由。科尔特斯人在墨西哥横冲直撞，不到两三年，把一个帝国彻底摧垮，太阳神没能庇护崇拜他的阿兹特克人，残忍的血祭也没能阻挡灾难的降临，他们几乎被赶尽杀绝。

当两个文明激烈冲撞时，历史必将又翻过崭新的一页，这是人类命运也是人类历史的必然。阿兹特克人在欧洲先进文明的侵略下消亡了，历史就是这样的残酷，即便是好战的他们同样也避免不了被人灭亡的命运。

▼西班牙人征服了阿兹特克帝国

叹为观止的建筑和石雕

▲阿兹特克人看见一只鹰站在一丛仙人掌上，就认为这就是神灵让他们在此定居的标志

大约在 12 世纪，印第安人阿兹特克部落为了躲避敌人的追击，从北方的故乡迁徙到墨西哥河谷。传说有一天，战神对正在寻找栖息地的阿兹特克人说："你们去寻找一只鹰，它栖息在一株仙人掌上，口中还衔着一条蛇，找到之后，那个地方就是你们居住的地方。"

阿兹特克人遵照战神的指示，来到了特斯科科湖畔的一个岛上，果然看到一只鹰叼着一条蛇站在仙人掌上的奇特景象。于是他们便在岛上居住下来，开始建立新的城市，并把这个城市称为"特诺奇蒂特兰"，意为"仙人掌之地"。在 16 世纪初西班牙人入侵美洲之前，阿兹特克统一了周围的部落，发展到鼎盛时期全国有人口 600 多万人。

由于小岛的面积有限，他们在岛屿四周建了许多人工岛。他们先在湖面上打桩，然后扎上木筏，铺上河泥，最后在上面种植庄稼，这种人工岛是浮在湖面上的；或者在沼泽地带筑起挡土墙，在挡土墙间堆上许多芦苇作基础，再在芦苇上铺上湖底的沃土。人工岛的边缘和角落种有柳树，以防泥土流失。这些人工岛，阿兹特克人称为"查那巴斯"，欧洲人则形象地叫它"水上花园"。

阿兹特克人以擅长于城市建筑而著称，在设计和建筑首都特诺奇蒂特兰中充分反映出他们的聪明才智。他们在特斯科科湖畔定居不久，就开始建造都城，到 1487 年才正式竣工，前后约用了 200 年的时间。

▼阿兹特克人建筑了以神庙为主体的建筑群

▲阿兹特克国王在吃饭时有歌唱、舞蹈和杂技节目的表演

他们是在岛的中央建起庙宇，以此为中心修筑两条南北、东西交叉的大道，大道将全城分为4个市区。

阿兹特克国王居住的王宫令人叹为观止。宫殿四壁饰满羽蛇浮雕，栩栩如生。房间里到处挂满绚丽多彩的地毯和布帘，就连木柱子上都雕满了花鸟虫鱼。在国王就餐的大厅里，还有一扇金制的屏风挡在餐桌前，为的是不让朝臣们看见国王进餐的样子。在王宫里，还有一座专供国王一人赏玩的广大园林，里面饲养着几乎所有中南美洲的野生动物，其中包括成群的美洲豹和养在坛子里的响尾蛇。园林里到处栽种着来自各地的奇花异草。

▼阿兹特克人有以活人作为祭品的习惯

特诺奇蒂特兰市中心最主要的建筑是神庙，在广场中心屹立着20座大小不等的庙宇。这些庙宇被称做美洲金字塔。它们也用石块垒成，但造型与埃及金字塔不同，顶部不是尖的而是平的，四面均是等腰梯形。最大的一座金字塔是祭奉战神威齐波罗奇特利的，高约46米，占地约8 100平方米。金字塔四面都有石砌台阶，从地面到塔顶共114级。塔身分4层，每层都有“回”形平台把四面台阶连成一片。金字塔顶端的平台上建有两个庙堂，堂内有神像、祭台和祭器。

1520年，德国艺术家杜勒在见到阿兹特克人所制作的工艺品后感叹地说：“我一生从未见过如此能使自己打心底里发出欢呼的东西，因为我在当中看到了许多珍贵的艺术品，我惊奇遥远地方的那些人的聪明才智。”阿兹特克人非常钟爱石雕艺术，这种钟爱源于与被征服者托尔特克人的文化交流。阿兹特克人极其狂热地崇拜太阳，而太阳神则成为他们石雕艺术中的永恒主题。

▲女神特拉泽特奥特分娩雕像

在阿兹特克时期，石雕是用来刻画人物形象的通常手法。他们将太阳视为最崇高的神加以崇拜，并将自己心目中的太阳神形象雕刻成石像。这些石雕通常是阿兹特克神话中的男女诸神。在这种粗糙的男女诸神的复制过程中，依然表现出古代工匠在这一艺术领域中捕捉人物生命之光的天然能力。而且石雕形状多种多样，现存最为著名的是刻有一个伸出舌头寻求祭品鲜血的太阳神形象，高达2米，现藏墨西哥城人类博物馆的大地女神雕像也是非常著名的雕塑作品。大地女神像的脖颈上挂着一个由人手、人心和骷髅组成的项圈，几条响尾毒蛇正从女神的脸上爬下。

阿兹特克人不仅创造了高度发达的建筑艺术作品，而且在文化上也作出不少杰出贡献。阿兹特克人的绘画艺术表现在古手抄书籍上。他们为了记录历史事件、交流思想、传递信息，就在纸上设计出各种表意的图形。使用颜色是阿兹特克人的又一艺术特色。其中使用最多的是红色和黑色，阿兹特克人在手抄本和雕塑上着色，用以区别不同的神。从这些作品中，可以体会到阿兹特克人在艺术方面已经达到了非常高的水平。

▼心形石雕

阿兹特克人不仅在建筑、绘画和雕刻方面有很高的艺术造诣，同时在文化方面也取得了辉煌的成就。阿兹特克传统艺术的精华，不仅让人们感受到了一种不可遏制的激情和神秘的体验，而且对当代墨西哥艺术具有广泛而深刻的影响。

众神诞生之地——特奥蒂瓦坎古城

一说到阿兹特克文明，就不能不提起那座著名的城市，那就是被誉为“众神诞生之地”“众神创造的城市”的圣城——特奥蒂瓦坎。这座城市建于公元1—7世纪，其建筑物按照几何图形和象征意义布局，以建筑物（特别是月亮金字塔和太阳金字塔）的庞大气势而闻名于世。这座古城遗址告诉人们特奥蒂瓦坎曾经的雄伟壮丽，也告诉了人们古代墨西哥的仪式中心和城市前身的结构。

经过一个世纪的考古研究，墨西哥特奥蒂瓦坎城邦的遗址依旧守卫着它的秘密。哥伦布到达美洲之前，在距墨西哥城以北40公里的墨西哥山谷中，特奥蒂瓦坎曾经是最辉煌的城市文明之都（2—7世纪）。

特奥蒂瓦坎始建于公元1世纪末，城市方圆40多平方公里，人数众多，不同时期的居民从10万～16万不等。据推测，这座城市在4—5世纪达到了全盛时期，而在7世纪上半叶却突然消亡。现在，人们还不知道它衰败的确切原因，但有人认为地下水位的变化和随之而来的水供应问题加速了城市衰退。城市原来的名字已经无从知晓。几个世纪后，阿兹特克人发现了这片广阔的废墟，也有人认为，只有神才能建造如此雄伟的城市，而且诸神就在这里升起了第五个太阳。

▼气势不凡的死者大道两侧有2 000多所民居

▲太阳金字塔具有天文钟的象征意义

特奥蒂瓦坎的仪式中心虽然只占全城总面积的1/10，但很宽阔广大。从月亮金字塔向南望去，是一条笔直的死者大道通向远处。死者大道是一条宽40米的宽阔的大路，2公里多的长度内穿越了一系列清晰可见的长方形广场，两侧都有台阶相通。在接下来的3公里中，道路依然平坦笔直，但毗邻的建筑物略显杂乱。

大多数纪念物都矗立在死者大道两侧，其中气势最恢宏的太阳金字塔（底座225米×222米）是世界第三大金字塔。它屹立在大道东侧，高达63米（原来的高度是75米），体积有100万立方米。坐落在死者大道最北端的月亮金字塔略小一些，但同样的气势雄伟（底座150米×140米，高42米）。它有4层重叠的平台，逐层减小。月亮金字塔脚下的广场上魁扎尔帕帕洛特尔宫，亦即神奇的鸟蝶宫，院子里的柱子上描绘了这种鸟蝶的浅浮雕。这座华美的殿堂是为数不多的非神庙建筑之一，可能是月神祭司的宅邸。

▼象征神的勇士石像

在死者大道的南端矗立着一幢巨大的四边形的“城堡”建筑，一边长

▲举行宗教和祭祀活动的纪念物都布置在太阳金字塔的中轴线上

约400米，总面积近7公顷。4座平台（曾被西班牙人误认为是要塞的城墙）围成的广场可轻而易举地容纳10万人。这里耸立着羽蛇魁扎尔科亚特尔金字塔。金字塔西侧的巨大台阶保存得十分完好，清晰地体现出了特奥蒂瓦坎建筑的典型特点，即“斜坡和嵌板”式风格，交替使用倾斜的路堤和垂直的嵌板，通常用浅浮雕作装饰。在这座金字塔的四面共雕刻着366个魁扎尔科亚特尔的头像，都是圆形头颅，张着吓人的大嘴。

城市的设计与四周的景致浑然一体。从死者大道的正中央，人们可以望见不远处塞罗戈多山的顶峰正耸立在月亮金字塔的塔尖上。城市的布局严格按照几何图形。仪式中心就建在死者大道的南北轴线上，而管理中心、市场和“城堡”则位于东西轴线上。

城市的财富来源于丰富的黑曜岩矿和肥沃的土地。按人们的职业清楚地划分社会阶层：陶工、油漆匠、宝石抛光工、农民、渔民等。特奥蒂瓦坎曾是一个世界性的大都市，不同种族的居民分别居住在城市的不同地区。这里曾是整个中美洲最重要的经济、宗教和政治中心。当时的人们对几何、建筑、天文和艺术都有精深的了解。装饰宫殿四壁的绘画所表现的神话故事和各种建筑的布局都表明特奥蒂瓦坎人重视天文甚于军事。

特奥蒂瓦坎的影响是巨大的，可以说是遍及整个中美洲。特别是它的制陶艺术和陶器，对玛雅文化和瓦哈卡文化都留下了深远的影响。其他民族在几个世纪内依旧供奉着特奥蒂瓦坎的神灵：掌管湿润与肥沃的羽蛇魁扎尔科亚特尔和雨神特拉洛克。

▼崇拜土地和农业神祗为根基的特奥蒂瓦坎文化

阴阳协调的美：太阳金字塔和月亮金字塔

在印第安传说中，他们崇拜的第四代太阳不再发光了，地球被笼罩在一片黑暗之中，人间万物生灵面临着被毁灭的危险。宇宙的诸神听到了从地球上传来濒临死亡的人们的恐怖叫喊和痛苦呻吟，从宇宙中飘落到特奥蒂瓦坎，燃起了篝火。地球又一次见到了光明，万物复苏，生灵获救。

但不久，篝火的火焰越来越弱，最后又被黑暗吞没，地球再次陷入黑暗。为了使地球永见光明，人类永远欢乐，诸神修筑了太阳和月亮金字塔，在两塔之间，又一次燃起火，熊熊烈火越烧越猛。诸神商定，谁有勇气，自愿跳入火中，就变成第一代太阳，永远得到人类的崇敬。诸神中低贱的纳纳瓦特神和高贵的特克西斯特卡尔神表示愿意作出牺牲，变成太阳来照耀地球。纳纳瓦特神首先勇敢地跃身跳进火里，顿时，一轮红日从东方冉冉升起。而特克西斯特卡尔这个时候却害怕了，只是在看到纳纳瓦特神变成太阳后，才下定决心咬牙跳向已是十分微弱的火堆。只是他已经失去了机会，没有变成太阳，却成了只能在太阳下山后用暗淡光辉照亮大地的月亮。

虽然这只是一个传说，但是在圣城特奥蒂瓦坎中矗立的两座大金字塔——太阳金字塔和月亮金字塔的确是可以和埃及金字塔相媲美的。这两座金字塔的造型为四边形层叠平台，每层向上收缩，当神殿和祭坛之用。祭司在塔顶祭祀太阳神、雨神和战神。全盛时期的特奥蒂瓦坎是阿兹特克人的圣地，1971 年在太阳金字塔的考古挖掘证实了这个观

▼根据考古发现制作的阿兹特克城市模型

点。人们在金字塔的中心发现了放有祭品的洞穴。月亮金字塔位于古城的最北端，高度低于太阳金字塔，顶部已经坍塌。

▲特奥蒂瓦坎的城市布局设计反映出了人们对天文学的尊崇，崇拜太阳和研究星体对特奥蒂瓦坎社会而言一定具有相当重要的意义

太阳金字塔是特奥蒂瓦坎古城遗址最大的建筑，大约建于公元2世纪。它坐落在被称为死亡大道的古城中央大道东侧。太阳金字塔用土和石头堆砌而成，高65米，南北长222米，东西宽225米，4个坡面从底部到顶端共有5层，总体为100多万立方米。金字塔的四面都有阶梯直达顶部，阶梯最宽处为17米，每个台阶高度相等。金字塔的四面正对东南西北4个方向，中午太阳的光芒直射塔顶；傍晚，太阳正好在它的西边落山。金字塔的顶部原有一座太阳庙，现已完全毁坏。从塔的底部，经过地道走进塔内，可以看到一座小金字塔，形状像四叶草，四叶表示大地的四个地窖或嘴孔。

现在的大金字塔是在这座金字塔的基础上建成的。在太阳金字塔侧旁的广场右边，有一片独具特色的住房群，供管理太阳金字塔的祭司们居住。在广场北端，有一座华丽的“太阳宫”，是太阳金字塔最高祭司的宫殿。宫殿内的壁画色彩鲜艳。这是古城遗迹中迄今发现的最精美的壁画之一。

▼在举行牺牲仪式时，祭司把活人绑在“牺牲石”上，剖胸取心奉献给太阳。

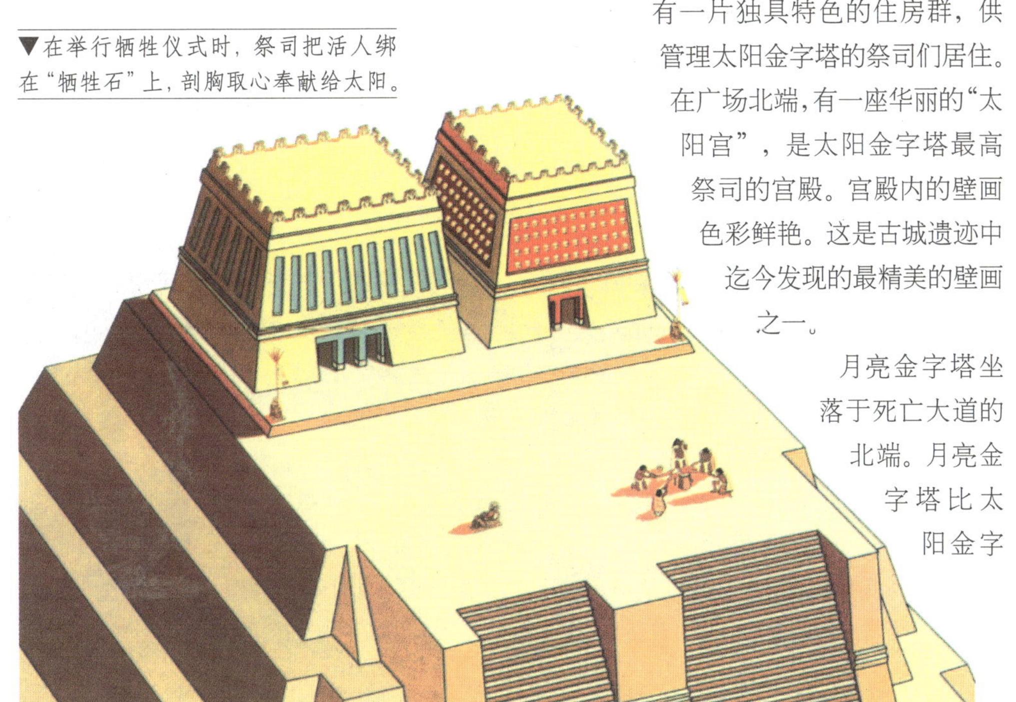

月亮金字塔坐落于死亡大道的北端。月亮金字塔比太阳金字

▲特奥蒂瓦坎人在没有铁制工具的情况下进行艰苦的工程

▲月亮金字塔

塔晚建成150年，规模也不及太阳金字塔大。月亮金字塔高46米，由于建在比太阳金字塔更高的地基上，因此两塔顶端的高度处同一水平。塔的正面，阶梯陡峻，从底下向顶端仰望，塔顶高耸入云；从顶部往下俯瞰，视野广阔。同太阳金字塔一样，月亮金字塔内也有好几层结构，属于不同时期的建筑。月亮金字塔下是月亮广场。广场从南到北共204.5米，由东往西137米。月亮广场中央是一座四方形的祭台，特奥蒂瓦坎古城重要的宗教仪式都在这里举行，月亮广场的建筑讲究对称，给人宽广宏伟的感觉。

这两座宏伟的大金字塔是古代阿兹特克文明的象征，就像他们的埃及同类一样，处处充满了神秘色彩，至今还没人能解开其中的奥秘。但可以肯定的是，它凝聚了阿兹特克人的智慧和力量，也表现了当时非凡的艺术成就和高度的文明。

▼阿兹特克人的祭坛遗址

充满魅力的阿兹特克符号

拉丁美洲是个充满古老文明遗迹的地方，秘鲁的印加、中美洲的玛雅、墨西哥的图腾文明，虽然离今天已有千百年历史，但不少拉美国家的人民视自己乃文明后裔为荣，它是构成近代拉美人身份认同的重要成分。

在墨西哥，人们称自己是阿兹特克人（Aztec）的后裔，国营电视台叫 Aztec，国家足球队主场叫 Azteca，市面上最畅销的三大啤酒，其中有一个品牌是 Tecate（麻鹰）。这些符号，都反映着近代墨西哥人那种宁愿埋首古阿兹特克文明，也不愿回首民族经历过 300 年的殖民历史的矛盾心情，而 Azteca 就作为了他们一个溯本穷源的符号。

▲象征着羽蛇神的双头蛇雕像

独立后的墨西哥国旗上有个“麻鹰捉蛇”的图案，它来自古阿兹特克文明的神话故事。传说阿兹特克的祖先信奉的太阳神是只用左臂觅食的鹰神，它在 11 世纪向族人显灵，指示他们要从墨西哥北部迁移到中部位于阿纳华克山脉附近的特斯科科湖生活（现今的墨西哥城）。族人到达后看见湖边有只大麻鹰跟一条蟒蛇搏斗，就认为那里就是鹰神许诺的新世界。

起初他们寄居在周边的部落，并谦虚地向他们学习，最后成了强大的阿兹特克王朝。墨西哥人选择用“麻鹰捉蛇”的神话故事，来代表自己的国家，反映了人民对古文明的认同。

在 15 世纪末，西班牙人将伊斯兰教势力赶回格林纳达，天主教会渴望再攻下一城以壮声威，决定将势力扩展至哥伦布发现的“新大陆”，开展新一轮殖民掠夺攻势。国王起初派军队取下了古巴，但阵中的先锋都先后死去。军中却有位年轻将领自荐前往美洲“新世界”，他就是后来奥地利、荷兰、德国、卢森堡的国王——克尔特兹。年轻的克尔特兹得不

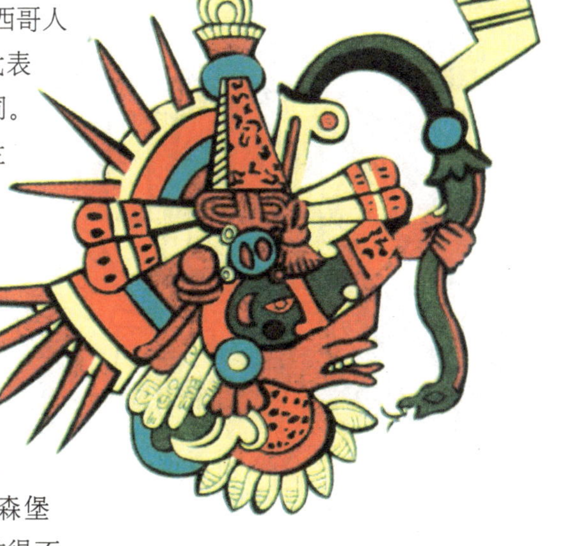

▲传说中的“羽毛蛇神”的形象

到驻古巴总督的信任，他收到指令只准视察环境，而且无时无刻都要记着“服务上主，效忠国王”，只有在危险时才准动用武力。所以总督只给他 100 位水手及 500 个士兵以及美洲人从来未见过的马。克尔特兹花了 8 个月的时间，终于到达阿兹特克城邦特诺兹提朗城。

▲克尔特兹带着很大的野心来到新世界，他们很会装神扮鬼，故沿途受到族人的厚待，一直未受到任何军事抵抗

克尔特兹从周边的部落得知，阿兹特克是极度残酷的王朝。根据他们的宗教神话，祭祀要用活人作祭品，只有得到太阳神的喜悦，才能令太阳每天升起。每天祭司都把俘获的战俘、罪犯带到金字塔顶，将他们放血再取出心脏，从塔顶倾倒在金字塔外面。当仪式完毕，太阳升起来，他们就会欢呼：“太阳神喜悦了，他很满意今天的食物。”

西班牙人当然不会放过这条打开新世界大门钥匙的机会，于是主动联系南部各个憎恨阿兹特克的部落。这个过程可以说兵不血刃，在西班牙人经过的文明地区，有些原住民乐意学习西文，而且愿意为他们当翻译。西班牙人很快在各地区散布天主教的种子。克尔特兹的军团很快建立了“解放者”的形象，各族人以为西班牙人是上天派来消灭阿兹特克“暴族”的军团。

▼根据当时阿兹特克用战俘、罪犯来祭祀宗教场景的漫画

后来克尔特兹的军团到达一个叫底拉斯卡拉的部族，他们邻近阿兹特克王朝，而且早已跟王国蒙特祖马长期战斗，克尔特兹很快跟他们结盟，并且联合各部

▲西班牙人趁阿兹特克没有防卫，突击城邦，他们的举动令国王愤怒，于是下令将他们赶走

▼天花病毒在阿兹特克地区滋生蔓延

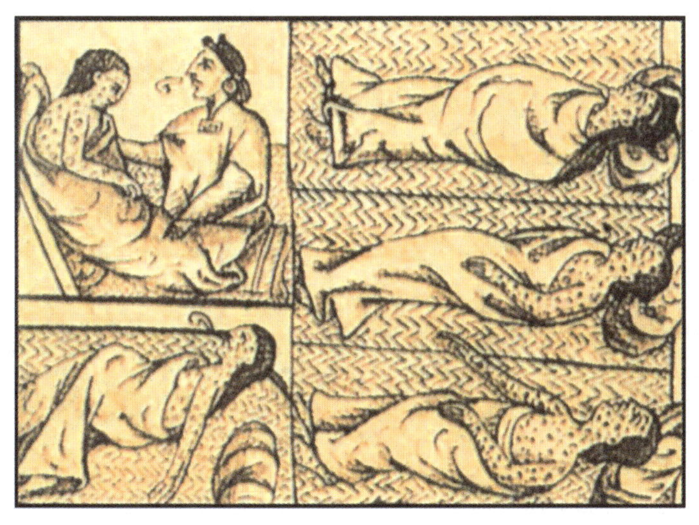

落的战士，教授西班牙人马术、枪炮及各种从欧洲带来的军事技术。

根据各文明的协议，两兵交战，任何一方被赶城邦，他们就将永远没有资格再来挑战。阿兹特克人就此相信，西班牙人以后都不会再踏入城邦半步，但西班牙人当然不知道这个游戏规则，即使知道也不会遵守。后来西班牙人用 1 年时间重新组合部落战士准备再次进攻，最终经过75天极其血腥激烈的搏斗，强悍的阿兹特克人待所有战士阵亡才肯投降。这段历史没有一个墨西哥人不知，虽然他们承认自己的祖先被征服，但却认为阿兹特克人并没有败于欧洲人的枪骑，而是越洋老鼠散播出来的天花病毒。

根据近代历史学家考证，西班牙人到达墨西哥前后10年，天花病毒的确传播至整个中南美洲，而因天花绝症死去的人超过16 500万，直至西班牙人统治的前5年，整个拉美的人口只有400万，祖先的灭亡全是西班牙人的错。后来，阿兹特克的大部分部落已经跟欧洲人混种同居。

从阿兹特克人在吃、穿、住、行、用等方面，已经无法看出和欧洲人有什么差别，古老的阿兹特克文明逐渐被欧洲的现代文明淹没了。但是，有一点不但没有被改变，而且逐步地加强了，那就是阿兹特克符号，每逢过节时各地区政府都会举行大型活动，向世人传递“这就是墨西哥人”的信息。

▼《门多萨手稿》中的插画

多神的民族——阿兹特克

“阿兹特克帝国”宗教的一大特征是众神并存。各氏族、各部落、各行各业均有自己崇敬的神。例如，商人的保护神是亚卡特库特利，制羽业的保护神是科约特利纳瓦尔等。这与阿兹特克人在扩张领土的征服过程中对各地文化采取兼容并蓄的政策有关。阿兹特克人在得到被征服地区的贡赋时，也接受了当地的信仰。阿兹特克人从出生到死亡，他们的生命和全部生活受宗教的控制。

阿兹特克人具有灵魂永存的信念，认为宇宙万物是由一个至高无上的神来主宰的。高高在上的统治者希望自己能够永生不死，把自己尊为神，希望在死后灵魂升天，能在天国继续统治天地间的人们。对于芸芸众生来说，为了摆脱精神上的痛苦，只有崇拜与自己的切身利益相关的各种神灵，如太阳神、月神、云神、玉米神等，以祈求神灵保护他们五谷丰登，宽恕他们的杀戮行为。

阿兹特克人就继承了特奥蒂瓦坎和托尔特克的人祭传统，一直延续着金星崇拜。16世纪的西班牙编年史家贝纳迪诺法萨阿贡就曾生动地描述过阿兹特克人进行崇拜的人祭仪式：“至于晨星，这颗伟大的星，据说当它重新出现时，恐惧便会降临到他们身上；人人都很害怕，各处出口和（房屋）通道都被关闭。据说当它出现时偶尔的一点（亮光）都可能带来病原、灾祸之类的不幸，但是，有时它被看成是仁慈的，它出来时还要杀俘虏喂养它，他们向它洒血。用俘虏的鲜血向它泼洒，用中指和拇指向它弹血；以血作为贡品抛向它；以供奉的形式滋养它。”阿兹特克人经常为这些神举行宗教仪式，人们

▼阿兹特克人认为神创造人时做出了自我牺牲，而人也要牺牲自己祭祀他们，他们就用活人献神、喂神

总是抱着最虔诚的态度和奉献自己最好的实物进行祈祷，每个家庭对神灵的崇拜都力图超过以往。

阿兹特克人的这种神灵崇拜是当时阿兹特克手工业发展的动力。在特诺奇蒂特兰的每个家庭都设有一个祭坛，一切行为都受到某种神灵的保护。仅特诺奇蒂特兰一地就有40多个庙宇，豢养了5 000多僧侣。他们还采取各种方式祭奠神灵。由于战乱频繁，俘虏较多，阿兹特克人常常先把俘虏装在木笼里养肥，之后再杀掉献祭太阳神。他们还把在一种只允许前臂、膝盖、臀部接触硬橡胶球的球赛中获胜的胜利者献给太阳神，而作为祭品的胜利者则视之为无上的光荣。

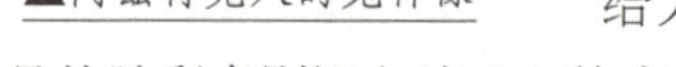

▲阿兹特克人的兔神像

▲装活人供品的容器

在当时黑曜石是最具有经济价值的物品，它被用来制作各种物品，其中祭祀时用的刀是最常见的一件物品，它要求的技术很高，需要制作得又薄又锋利。他们还用这种岩石为神像安装眼睛。而最具特色的应该是阿兹特克人雕凿的黑曜石杯子，由于黑曜石又硬又脆，造这种杯子很不容易。

同在宗教方面一样，阿兹特克人在文化上也继承了一切的优秀文化传统，并在此基础推陈出新，发扬光大。在教育方面，他们设有各级的学校，儿童、青少年不分男女，人人有学上，人人要学习。阿兹特克人从孩提时就开始不但接受自然、历史、法律、宗教、体育、军事和科学等教育，还要接受道德教育。而阿兹特克人的科学研究也达到了一定的水平，他们对植物特别有研究，还建造了植物园，对各种植物的生长过程进行观察，对它们的特性和用途进行研究、分类，分别应用于医疗、手工业生产、食品制作等方面。

▲具有象征意义的猴子陶器印模造型

阿兹特克人的神灵崇拜又给西班牙殖民者带来了契机。阿兹特克人曾有一个关于来自海上民族的传说，是

▲阿兹特克人欢庆神圣的青玉米节

▲作为祭品的活人多从周边的部落找来，王朝又对他们极其苛刻，致使周边的部落一直对阿兹特克恨之入骨

指一些白皮肤、白胡子的人从海上而来，教给他们各种知识，帮助他们建造神庙，后来又从海上离去，并许诺以后一定回来，这些人被阿兹特克人称为“克萨尔科亚特尔”。

当西班牙人到阿兹特克帝国的特诺奇蒂特兰时，他们的白皮肤给了他们极大的优势。阿兹特克人以为他们的神依照诺言又回到了他们身边，于是设宴庆祝，没2想到这些“神”却毁灭了他们。令阿兹特克人意想不到的是，他们心目中的神灵并未能够保佑他们免遭灭顶之灾，阿兹特克人为神灵而发动的战争的风格也给他们带来了噩运。

阿兹特克人发动战争的目的是获得俘虏，以此来供奉神灵，并不是要将敌方置于死地，这与西班牙殖民者以掠夺为目的的战争截然不同。这种恐怖的世界观加速了自身文明的灭亡。由于残酷的统治，国内社会矛盾重重；当面临强敌压境时，内外交困，这两种战争的双方遇到了一起，前者失败的结果是必然的，阿兹特克帝国的毁灭不可避免。

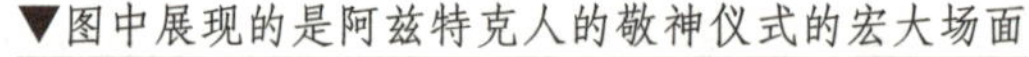

▼图中展现的是阿兹特克人的敬神仪式的宏大场面